Wie Michel zum Weltretter wird

Autorin: Jana Hilger
Illustratorin: Katharina Kiehntopf

GrünerSinn
Verlag

Inhalt

Vorwort

Liebe Kinder und liebe Erwachsene,

ihr haltet hier ein Buch in den Händen, welches ihr vielleicht selbst gekauft oder geschenkt bekommen habt. Wie auch immer es den Weg zu euch gefunden hat: Es ist wirklich ein ganz besonderes Buch. Euch erwartet eine zauberhafte Geschichte von Michel und seinen Großeltern. Es hat mich berührt zu lesen, was für ein tolles Verhältnis sie zueinander haben und wie freundlich, offen, neugierig und euphorisch sich alle mit den Themen Umwelt, Tiere und unserem Leben beschäftigen.

Dieses Buch macht deutlich, was vielen vielleicht gar nicht so klar ist. WIR sind diejenigen, die etwas tun müssen, und vor allem sind WIR es, die etwas bewirken können. Allein durch unser Handeln, Denken und Umdenken können wir große Veränderungen herbeiführen. Jeder noch so kleine Schritt zählt! Es ist so wichtig, dass wir dies verinnerlichen, und dabei unterstützt dieses schöne Buch auf eine freundliche und fast schon spielerische Art und Weise, welche aber eine unglaublich große Wirkung hat. Ich war beim Lesen zugleich erstaunt und erfreut, dass so viele Bereiche angesprochen werden. Und das so zauberhaft verpackt, dass es nicht abschreckt oder verängstigt, aber dennoch zum Nachdenken und vor allem zum Nachahmen anregt. Es wird deutlich gemacht, auf welchen Ebenen jeden Tag und ständig Dinge schieflaufen, Leid und Zerstörung verursacht werden und unserer Gesundheit, unserer Umwelt und den Tieren geschadet wird. Beim Lesen wird einem schnell bewusst, wie leicht man genau diese Dinge ändern kann. Es geht nicht darum, keine Freude mehr im Leben zu haben und auf alles verzichten zu müssen. Ganz im Gegenteil. Dieses Buch veranschaulicht, wie leicht es ist, die größten Umwelt- und Tierschutzsünden nicht weiter zu unterstützen oder so sehr zu minimieren, dass sich viel in der Welt zum Guten ändern wird. Und die beste Nachricht daran ist: Das ganze macht auch noch unheimlich großen Spaß und zusätzlich erfüllt es einen mit Stolz, Freude und einem guten Gewissen. Ich wünsche euch nun eine gemütliche Zeit zusammen und viel Spaß beim Miterleben von Michels Weg zum Weltretter ...

Eure Kerstin

Kapitel 1

Weltretter werden

Hallo, mein Name ist Michel und ich bin fünf Jahre alt. Im Sommer werde ich sechs und komme in die erste Klasse. Meine Oma und mein Opa wohnen in der Nähe des Kindergartens und der Grundschule. Sie holen mich mittags immer ab, wenn Mama und Papa länger arbeiten müssen.

Ich liebe es, bei Oma und Opa zu sein. Opa macht gerne Blödsinn mit mir und Oma ist die beste Lieblingsessen-Macherin der Welt! Manchmal schlafe ich auch bei Oma und Opa und dann darf ich abends lange aufbleiben.

Wenn ich groß bin, möchte ich mal Weltretter werden. Ich glaube, ein Weltretter zu sein ist der beste Beruf, den es auf der Welt gibt!

»Oma?«

»Ja, mein Schatz?«

»Wenn ich groß bin, will ich mal Weltretter werden!«, sagt Michel stolz.

»Ui, das ist aber eine großartige Idee! Weißt du schon, wie du die Welt retten möchtest?«, will Oma wissen.

»Na, ich befreie alle Tiere aus den Käfigen und gebe allen Menschen etwas zu essen. Dann sage ich den Leuten noch, dass sie aufräumen sollen, damit draußen nicht mehr so viel Müll auf den Straßen liegt«, freut sich Michel.

»Das klingt fantastisch! Aber warum möchtest du damit warten bis du groß bist?«, fragt Oma erstaunt.

»Oma, ich bin doch erst fünf! Da kann ich die Welt doch noch gar nicht retten«, stellt Michel fest.

»Weißt du, Michel, auch Fünfjährige können schon die Welt retten. Besser geht es allerdings mit etwas Hilfe.« Oma kann sich ein Zwinkern nicht verkneifen.

»Willst du mir dabei helfen, Oma?«, fragt Michel aufgeregt.

»Aber gerne helfe ich dir! Weißt du, was du schon ganz prima machst, Michel?«

»Was denn?« Jetzt ist Michel neugierig.

»Das Wasser aus dem Wasserhahn zu trinken!«

Oma erklärt, dass Michel dadurch viele Glas- und Plastikflaschen einspart. Die müssten ansonsten nämlich zunächst produziert werden. Auch den Transport der vollen Flaschen mit einem LKW zum Supermarkt und mit dem Auto nach Hause vermeidet er. Leere Flaschen müssen den ganzen Weg wieder zurück und dann zur Reinigung, bevor das Verkaufsunternehmen sie erneut befüllen kann. Das geht immer so weiter und verbraucht ganz viel Wasser zum Reinigen und ganz viel Energie. Da Michel Leitungswasser trinkt und somit die Verpackung – also die Flasche – nicht benötigt, spart er Geld, Rohstoffe, Kraftstoff, Wasser und Energie ein! Zudem ist das Wasser aus dem Hahn wahrscheinlich gesünder, weil es oft besser kontrolliert wird, und schwere Flaschen und Kästen nach Hause schleppen muss nun auch niemand mehr.

»Ich finde, das ist für einen kleinen Weltretter wie dich schon eine ganz große Leistung!« Oma klopft Michel auf die Schulter.

Michel lächelt zufrieden. »Und wie ist das mit dem Essen?«

»Was genau meinst du?«, wundert sich Oma.

»Kann ich beim Essen auch was sparen?«, fragt Michel.

»Klar, sogar noch viel mehr als beim Trinken! Bei jedem Einkauf entscheiden wir Menschen uns für oder gegen etwas. Somit beeinflussen wir auch, was es zu kaufen gibt, also was angeboten wird. Je mehr wir von einer Sache haben möchten, das heißt je größer unsere Nachfrage ist, desto mehr bietet der Verkäufer auch an. Wenn wir weniger von einem Lebensmittel kaufen, wird das auch der Verkäufer merken und immer weniger davon anbieten«, weiß Oma.

Michel schaut Oma erwartungsvoll an. »Und was hat das jetzt mit Sparen zu tun?«

»Bleiben wir mal beim Thema Wasser. Die Lebensmittelherstellung verbraucht sehr viel davon. Für ein Kilo Getreide – das reicht ungefähr zum Backen von zwei Broten – werden über 1600 Liter benötigt. Dafür kann der Opa zehn Mal in die Badewanne gehen.«

»So viel?«, staunt Michel.

»Ja, aber beim Fleisch zum Beispiel ist es noch viel mehr: Um ein Kilo Rindfleisch zu produzieren – das sind ungefähr fünf Burger –, benötigt es fast zehn Mal so viel Wasser; also hundert Mal baden!«

»Ui, das ist viel«, grübelt Michel.

»Ja, dann wird der Opa noch schrumpeliger«, grinst Oma.

Michel lacht.

»Was passiert mit dem vielen Wasser?«, will Michel wissen.

»Tiere trinken viel Wasser und um deren Futter herzustellen, wird ebenso eine Menge Wasser benötigt. Somit wird sehr viel Wasser verschwendet, wenn wir Menschen Tiere essen.«

Michel unterbricht: »Aber Oma, wir essen doch gar keine Tiere! Tiere sind doch unsere Freunde!«

»Siehst du: Und damit sind wir wieder bei den Entscheidungen, bei Angebot und Nachfrage und beim Sparen. Weil du sie nicht isst, rettest du nicht nur ganz vielen Tieren das Leben, sondern sorgst auch dafür, dass insgesamt weniger Tiere gegessen werden. Dadurch sparst du alles ein, was diese Tiere sonst bräuchten: Futter, Platz, Energie und ganz viel Wasser! Wenn immer mehr Menschen es so machen würden wie du, könnten wir alle richtig sparen.« Michel überlegt. Wie viel Wasser wohl sein Lieblingsobst benötigt?

»Und wie ist das mit Erdbeeren? Mama sagt immer, dass wir nicht vergessen dürfen unsere Erdbeeren zu gießen, wenn es so heiß ist. Da sparen wir doch kein Wasser! Die wollen nämlich ganz schön viel Wasser haben«, weiß Michel.

Oma erklärt, dass es einem vielleicht anders vorkommt, wenn man selbst gießt, aber dass Obst und Gemüse deutlich weniger Wasser benötigen als beispielsweise Getreide. Aber auch da gibt es noch Unterschiede. Die Erdbeeren aus Deutschland brauchen zum Beispiel weniger Wasser als die aus Spanien. Dort ist es nämlich viel heißer. Die meisten Erdbeeren im Supermarkt kommen aber aus Spanien. Da das sehr weit weg ist, sind die Erdbeeren außerdem richtig lange unterwegs. Damit sie trotzdem noch schön rot aussehen, wenn sie hier ankommen, werden sie mit giftigen Chemikalien besprüht. Vorher, wenn sie noch auf dem Feld wachsen, wird bereits mit Pestiziden gespritzt, damit die Insekten die Erdbeeren nicht anknabbern. Das ganze Gift ist ziemlich ungesund.

Nicht nur für uns Menschen, sondern auch für den Boden, auf dem die Erdbeeren wachsen. Besser ist es daher, im Frühjahr noch keine Erdbeeren zu kaufen, sondern so lange zu warten, bis sie hier bei uns reif sind. Dann schmecken sie auch viiiiiel besser. Außerdem ist es immer gut darauf zu achten, wie sie angebaut wurden. Bio-Erdbeeren dürfen zum Beispiel nicht mit Gift gespritzt werden.

Michel macht große Augen. »Woher weißt du das alles, Oma?«

»Ach, Michel, ich lese viel. Und ich möchte lange gesund bleiben. Und um lange gesund zu bleiben, ist es wichtig, sich gesund zu ernähren«, zwinkert Oma.

»Ich möchte auch lange gesund bleiben, Oma. Was muss ich denn dann essen? Sind Nudeln gesund?«, fragt Michel voller Vorfreude.

Oma lacht. »Mit viel Gemüse sind auch Nudeln gesund. Zumindest die Vollkorn-Nudeln, die dich Dank ihrer Ballaststoffe lange satt machen. Weißt du was? Wir zwei gehen morgen mal einkaufen. Dann kaufen wir viele leckere Sachen, die gesund sind und mit denen du die Welt retten kannst.«

Michel strahlt. Das hört sich gut und vor allem eigentlich ganz leicht an. Viel leichter als er dachte. Weltretten ist ja pupseinfach!

Oma erklärt …

Was sind Rohstoffe?

Rohstoffe werden von den Menschen aus der Natur entnommen. »Roh« bedeutet dabei, dass sie noch nicht verarbeitet wurden.

Getreidekörner können als Rohstoff an Tiere verfüttert oder für Menschen gemahlen und zu Mehl verarbeitet werden. Mehl ist dann kein Rohstoff mehr. Ebenso können beispielsweise Sonnenblumenkerne entweder roh direkt gegessen oder zu Öl verarbeitet werden. Sonnenblumenöl gilt dann wieder nicht mehr als Rohstoff.

Auch Baumwolle ist ein Rohstoff, aus dem Kleidung produziert wird. Ein weiterer Rohstoff ist Holz. Daraus lassen sich Möbel herstellen, aber auch Häuser oder Boote bauen.

Die bisherigen Beispiele gehören alle zu den nachwachsenden Rohstoffen. Dazu zählen auch die Energierohstoffe Luft, Wasser und Sonne.

Dann gibt es noch Energierohstoffe wie Kohle, Erdöl und Erdgas, die nicht nachwachsen können. Sie werden ebenso wie Luft, Wasser und Sonne genutzt, um zum Beispiel Strom und Wärme zu erzeugen, sind im Gegensatz dazu aber irgendwann aufgebraucht.

Was ist Energie?

Energie ist so etwas wie Kraft.

Sonnenenergie wärmt mit ihrer Kraft unsere Haut, spendet uns Licht und hilft den Pflanzen beim Wachsen.

Wärmeenergie benötigen wir zum Beispiel im Winter und nennen sie dann Heizung. Dafür benötigen wir Holz, Kohle, Erdgas oder Erdöl, denn wenn man diese Rohstoffe verbrennt, entsteht Wärme.

Auch Autos, LKWs und Flugzeuge benötigen Energie. Diese Energie wird aus dem Energierohstoff Erdöl hergestellt. Beim Auto und beim LKW heißt das dann Benzin oder Diesel und beim Flugzeug Kerosin.

Was sind Chemikalien?

Chemikalien sind die Dinge, im Labor oder der Industrie chemisch hergestellt oder benutzt werden. Sie sind in sehr vielen Sachen drin: zum Beispiel in Seife, in Spielzeug, im Handy, in Kleidung, in Farbe, im Fernseher und in Möbeln. Meistens sind das gute Chemikalien, häufig sind sie aber auch gefährlich und gesundheitsschädigend. Besonders oft wurden giftige Chemikalien in Kinderschuhen aus Leder und Kinderkleidung gefunden. Daher ist es ratsam, Lederprodukte zu vermeiden und bei Kleidung auf Siegel wie *GOTS* oder *Der grüne Knopf* zu achten.

Damit Pflanzen nicht von Krankheiten oder Schädlingen befallen werden, setzen Menschen auch oft giftige Chemikalien ein. So haben sie eine größere Ernte. Allerdings ist das gleichzeitig auch sehr gefährlich für die Gesundheit und die Umwelt.

Was sind Pestizide?

Wenn giftige Chemikalien in der Landwirtschaft eingesetzt werden, heißen sie Pestizide oder auch Pflanzenschutzmittel. Sie werden von Menschen hergestellt, um kleine Lebewesen oder Viren zu töten. Auf diese Weise sollen sie die Pflanze schützen, damit sie gut wächst. Wenn ein Apfelbaum zum Beispiel von vielen Läusen befallen ist, könnte er absterben. Daher verwenden Menschen Pestizide gegen die Läuse. Sie schaden sich damit allerdings auch selbst, da Menschen ja ebenfalls Lebewesen sind. Außerdem gibt es natürliche Feinde von Läusen: beispielsweise Marienkäfer. Wenn also viele Marienkäfer die Läuse fressen, überlebt der Baum ebenfalls, auch ohne, dass Mensch und Natur Gift abbekommen.

Was sind Ballaststoffe?

Ballaststoffe sind sehr wichtige Pflanzenstoffe, die dem Körper bei der Verdauung von Essen helfen. Sie sind in pflanzlichen Nahrungsmitteln wie zum Beispiel Getreide, Obst, Gemüse, Hülsenfrüchten (Erbsen, Bohnen, Linsen), Nüssen und Samen enthalten.

Im Körper quellen sie auf und sorgen dafür, dass wir schneller und länger satt sind. Dabei ist es wichtig, immer ausreichend zu trinken. Wer viele Ballaststoffe zu sich nimmt, kann seinen Körper vor einigen Krankheiten wie Magen-Darm-Erkrankungen, Diabetes, Krebs oder Herz-Kreislauf-Erkrankungen schützen.

Kapitel 2

Der Einkauf

Gestern habe ich gelernt, dass Gemüse, Obst und Getreide viel weniger Wasser brauchen als Fleisch. Und dass Erdbeeren im Winter und Frühling nicht gut sind. Und Oma findet es toll, dass ich Leitungswasser trinke.

Heute gehen wir einkaufen. Nur Oma und ich. Ich freue mich schon ganz doll, weil Oma mir dabei zeigen möchte, welche Sachen gut für Menschen, Tiere und die Umwelt sind. Ich hoffe, dass Schokolade auch dazu gehört – die mag ich nämlich besonders gerne!

»Michel, kommst du? Es gibt ein Weltretter-Frühstück und dann geht's los zum Einkaufen!«, ruft Oma aus der Küche.

Michel zieht sich noch schnell den Pullover an und flitzt zu Oma und Opa, die am Tisch bereits mit dem Frühstück auf ihn warten.

»Guten Morgen, Michel! Hast du gut geschlafen? Oma hat mir erzählt, dass ihr heute zusammen einkaufen gehen wollt. Freust du dich schon?«, will Opa wissen.

Michel reibt sich den Schlaf aus den Augen. »Ja, sehr sogar! Oma und ich wollen nämlich heute mit unserem Einkauf die Welt retten.«

»Soso!«, erwidert Opa und streichelt Michel über den Kopf.

»Ja, und gesunde Sachen kaufen – aber nur die eckeren«, freut sich Michel.

Oma und Opa können sich ein herzhaftes Lachen nicht verkneifen.

Gemeinsam frühstücken die drei und Michel erzählt Opa stolz, was er gestern schon über das Wassersparen gelernt hat.

Nach dem Zähneputzen nimmt Michel seinen roten Rucksack und räumt seine Spielsachen aus, um Platz für den Einkauf zu schaffen. Oma zieht ihren kleinen karierten Einkaufs-Koffer auf Rädern unter der Garderobe hervor.

Das Frühlingswetter lädt zu einem Spaziergang ein und da der Weg bis zum Laden nicht weit ist, gehen die beiden zu Fuß.

»Oma, gehst du immer dort einkaufen?«, fragt Michel neugierig.

»Ja, meistens schon. Manchmal fahren Opa und ich auch mit dem Bus zum Markt und kaufen so viel frisches Obst und Gemüse ein, dass wir es zu zweit kaum tragen können.«

»Aber ihr habt doch zuhause im Garten auch Obst und Gemüse«, wundert sich Michel.

»Das stimmt. Aber Kartoffeln zum Beispiel haben wir nicht. Dafür ist in unserem kleinen Garten einfach nicht genug Platz. Opa und ich sind ja auch nicht mehr die Jüngsten. Deshalb bauen wir nur Obst und Gemüse an, welches nicht so viel schwere Arbeit macht. Das sind unter anderem Himbeeren, Zucchini und Kräuter.«

»Und Gurken und Tomaten und Äpfel!«

»Genau«, lächelt Oma und zeigt mit dem Finger auf ein grünes Schild. »Schau mal, da vorne ist auch schon der Biomarkt. Dort gehen wir einkaufen.«

»Warum heißt der Biomarkt?«, will Michel wissen.

»Weil es dort nur Dinge zu kaufen gibt, die biologisch, also natürlich und umweltschonend angebaut oder hergestellt wurden. Weißt du noch, als ich dir gestern von den Erdbeeren erzählt habe, die mit Gift besprüht werden, damit sie so schön rot aussehen?«

Michel nickt nachdenklich.

»So etwas gibt es in einem Biomarkt nicht. Und da Opa und ich es nicht so gerne kaufen möchten, besorgen wir unser Essen dort und auf dem Wochenmarkt oder nehmen es aus dem eigenen Garten.«

Plötzlich stoppt Michel. »Oma, schau mal! Hier haben Leute ihren Müll hingeschmissen.«

»Oh, das ist wirklich ärgerlich. Wenn Plastik einfach so rumliegt, ist das sehr schädlich für die Umwelt und die Tiere. Wir werfen es am besten da vorne in den Mülleimer«, sagt Oma und hebt die Verpackung auf.

Neben dem Eingang des Biomarktes befindet sich ein Mülleimer, in dem Oma schwungvoll den Plastikmüll entsorgt. »Zack, und schon wieder ein Stück Welt gerettet«, sagt sie und zwinkert Michel zu.

Im Laden läuft Michel direkt zum Obst und Gemüse.

»Oma!«, ruft er. »Ich möchte Paprika essen! Und Bananen und Möhren möchte ich auch mitnehmen! Und Kartoffelpüree mit Erbsen. Und Nudeln mit Tomatensoße und …«

Oma unterbricht Michel und lacht herzlich. »Michel, da müssen wir wohl noch einmal wiederkommen. Oder meinst du, wir können das alles tragen?«

»In meinem Rucksack ist genug Platz«, entgegnet er und greift sich je eine rote und eine gelbe Paprika.

»Das ist eine gute Wahl, mein kleiner Sonnenschein. Paprika enthält viel gesundes Vitamin C. Wir können sie heute Abend mit dem Superkräfte-Hummus und Brot essen«, schlägt Oma vor.

»Au ja! Hummus ist so lecker, den müssen wir unbedingt noch kaufen!«, freut sich Michel.

»Ich zeige dir später lieber, wie man ihn selbst macht«, sagt Oma. Das geht ganz fix und schmeckt viel besser! Aber nun brauchen wir noch Bananen, Kartoffeln, ein Päckchen Vollkornnudeln, …«

»Die Bananen mit dem Aufkleber?«, unterbricht Michel und zeigt auf das knallgelbe Obst.

»Ganz genau«, antwortet Oma. »Der Aufkleber ist das Fairtrade-Siegel. Es bedeutet, dass die Bauern mehr Geld für ihre Bananen bekommen und dass keine Kinder dafür arbeiten mussten.«

»Kinder müssen arbeiten?«, fragt Michel Oma mit großen Augen.

»Leider ja. Wenn wir hier billig einkaufen möchten, müssen andere oft den Preis dafür zahlen. Gerade bei Bananen, Schokolade, Kakao, Reis, Kaffee oder Tee achten Opa und ich immer darauf, dass dieses Zeichen auf der Verpackung ist, damit auch die Kinder geschützt werden. Sie sollen schließlich zur Schule gehen dürfen – so wie du bald!« Oma lächelt.

Während Michel mit Oma durch die Regale schlendert und immer wieder fragt, ob sie mit dem jeweiligen Produkt irgendetwas Gutes tun können, merkt er, dass es gar nicht so einfach ist. Oma erklärt, dass es sich lohnt, beim Einkaufen nicht nur auf seinen Bauch zu hören, sondern ganz bewusst die Schilder und Verpackungen zu lesen. Sie zeigt Michel im Kühlregal auch den Hummus. Der ist in einem kleinen Plastikschälchen verpackt, welches sie einsparen können, indem sie den Hummus selbst machen. Oma liest Michel die Zutatenliste vor und als sie den Zucker erwähnt, staunt Michel nicht schlecht.

»Aber Hummus schmeckt doch gar nicht süß!«

»Tja, mein aufmerksamer Feinschmecker, daher ist es auch so wichtig, beim Einkaufen die Augen offen zu halten. In Lebensmitteln sind nämlich oft unnötige Dinge wie versteckter Zucker, Palmöl oder künstlich hergestellte Geschmacksverstärker enthalten. Auch tierische Produkte

verbergen sich manchmal da, wo man sie niemals vermutet hätte. In Fruchtgummi-Bonbons zum Beispiel ist Gelatine drin und die besteht aus Tierknochen, Häuten und Schweineschwarten.«

»Iiih!« Michel schaut Oma entsetzt an. »Meine Mama kauft sowas nicht.«

»Ich weiß. Mama achtet darauf. Aber viele Menschen wissen so etwas gar nicht. Sie kaufen das, was sie bereits seit Jahren kennen oder schon immer gekauft haben. Oft ist es reine Gewohnheit. Sie kaufen es ja nicht mit böser Absicht. Genau deswegen ist es aber so wichtig, nicht einfach alles hinzunehmen, sondern neugierig zu sein und die Dinge zu hinterfragen – so wie du es machst«, sagt Oma stolz.

»Und viel zu lesen«, seufzt Michel.

Oma lächelt und zwinkert Michel zu. »Richtig, und das lernst du ja bald.«

Auf dem Nachhauseweg ist Michel immer noch ganz begeistert von dem tollen Erlebnis im Biomarkt. Er wusste gar nicht, dass man beim Einkaufen so viel falsch machen, aber auch so viel Gutes tun kann. Oma hat ihm heute beigebracht, dass jeder Mensch täglich die Welt retten kann, indem er sich bewusst für oder gegen bestimmte Sachen entscheidet. Jeder Einkauf, jede Mahlzeit, ja sogar jedes Lebensmittel kann somit der Erde, den Menschen und den Tieren helfen. Es stimmt also wirklich: Weltretten ist pupseinfach!

Oma erklärt ...

Warum Plastikmüll aufheben?

Plastik ist ein anderes Wort für Kunststoff. Kunststoffe sind künstlich hergestellte Stoffe, die es so in der Natur nicht gibt. Sie bestehen aus Erdöl und werden in Fabriken hergestellt. Kunststoffe belasten die Umwelt sehr stark. Beim Verbrennen setzen sie zum Beispiel gesundheitsschädliches Gift frei und auch Gase, wodurch es auf der Erde zu warm wird. Außerdem können Kunststoffe oder eben Plastikteile in der Natur nicht komplett zersetzt werden. Wenn sie niemand aufhebt, werden die Teilchen immer kleiner, bis sie zu Mikroplastik geworden sind. Das lässt sich dann mit dem Auge nicht mehr erkennen und gelangt über unser Essen und sogar über unsere Atemwege in unseren Körper. Ganz viel davon landet aber auch im Meer und ist sehr schädlich für alle dort lebenden Tiere. Muscheln können davon zum Beispiel Entzündungen bekommen und bei Fischen verändert es das natürliche Verhalten. Wie gefährlich es für uns Menschen ist, wissen wir noch nicht. Wir wissen nur, dass es nicht mehr verschwindet.

In einigen Shampoos, Duschgels und Cremes ist Mikroplastik leider schon absichtlich enthalten. Daher ist es ratsam, genau zu prüfen, welche Dinge man kauft.

Beim Autofahren entsteht ebenfalls Mikroplastik. Reifen sind nämlich aus Kunststoff (Gummi) hergestellt, der beim Fahren und besonders beim Bremsen abgerieben wird. Wenn es regnet, wird das so entstandene Mikroplastik von der Straße in die Gullys gespült und gelangt dann über die Flüsse ins Meer.

Warum ist Fairtrade so wichtig?

Fairtrade ist Englisch (fair & trade) und bedeutet fairer Handel. Wer Produkte mit dem Fairtrade-Siegel kauft, hilft nicht nur Menschen, sondern auch unserer Umwelt.

Für fairen Handel gibt es feste Regeln. Zum Beispiel bekommen die Hersteller und Bauern mehr Geld für ihre Produkte. Die Arbeiter bekommen einen höheren Lohn, haben Zugang zu Trinkwasser und können medizinisch versorgt werden, wenn sie krank sind. Kinderarbeit und Zwangsarbeit sind verboten.

Genauso verboten ist es, Wälder für neue Ackerflächen abzuholzen. Gefährliche Pestizide und genverändertes Saatgut sind ebenfalls verboten. Es wird sparsam mit Wasser umgegangen, die Böden werden besser geschützt und der Anbau der Pflanzen ist generell umweltschonender.

Was ist Gelatine?

Gelatine ist ein Gemisch aus tierischen Stoffen und besteht zum Großteil aus Schweinehaut. Gelatine wird als eine Art Gelee verwendet, um eigentlich flüssige Speisen wie beispielsweise Wackelpudding (auch Wackelpeter oder Götterspeise genannt) fester zu machen. Auch für Gummibärchen, Schaumwaffeln, Schokoküsse, Lakritze, fettreduzierte Käsesorten, Tortenguss oder Margarine wird Gelatine aus Schweinehaut verwendet. Um aus einem naturtrüben Apfelsaft einen klaren Apfelsaft zu machen, wird ebenfalls Gelatine benutzt. Gelatine ist in vielen Produkten enthalten, obwohl sie ganz einfach ersetzt werden könnte.

In Japan zum Beispiel nimmt man statt Gelatine Agar Agar, welches aus getrockneten Algen gemacht wird. Das gibt es auch bei uns zu kaufen und es ist genau wie Gelatine absolut geschmacksneutral. Zudem ist Agar Agar gesund: Es enthält Proteine (Eiweiß), B-Vitamine, Beta-Carotin und Vitamin K.

Als weitere Alternativen gibt es Pektin, Johannisbrotkernmehl, Speisestärke und Guarkernmehl.

Was ist Palmöl?

Palmöl, auch Palmfett genannt, ist ein Pflanzenöl, das aus den Früchten von Palmen gewonnen wird. Die meisten Ölpalmen werden in Asien angebaut. Das Land Indonesien ist der größte Hersteller von Palmöl. Über die Hälfte der weltweiten Produktion kommt aus diesem Land. Im indonesischen Regenwald sind neben ganz vielen anderen Tieren auch Orang-Utans zu Hause, die für den Anbau der Ölpalmen vertrieben oder getötet werden. Aber nicht nur das. Auf den Ölplantagen müssen sogar Kinder arbeiten. Die Natur wird mit Herbiziden (Unkrautbekämpfungsmitteln) zerstört und die im Wald lebenden Menschen werden ebenfalls vertrieben. Außerdem wird durch die Produktion Methan ausgestoßen. Das Gas ist etwa 28-mal stärker als das klimaschädliche CO_2.

Palmöl wird für viele Produkte verwendet: Es ist in allen möglichen Nahrungsmitteln, aber auch in Wasch- und Reinigungsmitteln, in Kosmetik wie beispielsweise Cremes, in Kerzen oder im Diesel-Kraftstoff enthalten. Heute findet man in fast jedem zweiten Supermarkt-Produkt Palmöl. Daher ist es besser, sich die Beschreibung der Artikel durchzulesen und alternative Produkte zu kaufen.

Was sind künstlich hergestellte Geschmacksverstärker?

Geschmacksverstärker sind Zusatzstoffe, die in die Lebensmittel gegeben werden. Wie der Name schon verrät, sollen sie den Geschmack eines Lebensmittels verstärken und unterstützen. Der bekannteste künstliche Geschmacksverstärker ist Mononatriumglutamat. Es ist ein weißes, kristallartiges Pulver, das auf der Zunge die Geschmacksrichtung umami auslöst. Den deftigen, würzigen Umami-Geschmack mögen wir Menschen besonders gerne.

In Fertiggerichten, Asiagerichten, Brühwürfeln und -pulvern, Snacks, Suppen, Soßen, Desserts und Süßwaren finden wir die meisten Geschmacksverstärker. Sie verstecken sich in der Zutatenliste auf der Verpackung häufig hinter einer E-Nummer. Ob künstlich hergestellte Geschmacksverstärker gesundheitsschädlich sind, steht noch nicht fest. Um auf der sicheren Seite zu sein empfiehlt es sich daher, immer frisch zu kochen.

Kapitel 3

Das Mittagessen

Gestern hat Oma Müll aufgehoben, weil Plastik ganz schlimm für die Umwelt ist, wenn Menschen es nicht in den Mülleimer schmeißen. Und ich habe gelernt, dass leckeres Essen aus dem Biomarkt nicht mit Gift besprüht wurde. Und warum Mama und Papa beim Einkaufen immer so lange brauchen, weiß ich jetzt auch. Sie lesen ganz genau die Verpackungen und kaufen so nur die richtig guten Sachen für uns.

»Zu viel Tier, das schadet dir« sagt Opa immer. Oma und Opa haben früher nur einmal die Woche Fleisch gegessen, heute essen sie fast gar keins mehr. Opa sagt, dass es nicht gut für seine Gesundheit und den Planeten ist. Oma mag es nicht so gerne. Kann sie deswegen vielleicht so gut kochen? Wenn Oma kocht, singt sie immer. Das finde ich total lustig. Sie singt ihre Rezepte und Opa verschwindet dann im Wohnzimmer. Er sagt, dass er sonst einen Ohrwurm bekommt. Thihi, als ob dem Opa dann ein Wurm aus dem Ohr kriechen würde … so ein Blödsinn.

»Oma, kochst du mir heute mein Lieblingsessen?«
Oma schmunzelt: »Welches deiner vielen Lieblingsessen denn? Schneekörner mit roter Soße? Oder Sonne aus der Pfanne?«
Michel grinst bis über beide Ohren und ruft laut: »Pups-Pasta!«
Daraufhin müssen beide lachen und Opa ruft aus dem Wohnzimmer: »Dann müssen wir heute wieder ordentlich lüften!«

Oma steigen Tränen in die Augen und Michel hält sich den Bauch vor Lachen. Auch Opa hören sie im Wohnzimmer losprusten. Es dauert eine

ganze Weile, bis sie sich wieder beruhigt haben.

»Lachen ist doch was Schönes«, stellt Oma fest.

»Na, Michel, dann sammeln wir mal die Zutaten zusammen. Weißt du noch, was alles in die Soße hineinkommt?«, möchte Oma wissen.

»Nein, ich nicht, aber dein Lied weiß es!«, strahlt Michel.

Oma versteht und fängt an zu singen:

»Eine rote Zwiebel – die sorgt für den Geschmack.
Eine Zehe Knoblauch – die bringt dich gleich auf Zack!

Dazu noch eine Möhre mit Vitaminen fein,
die darf hier nicht fehlen und kommt gewürfelt rein.

Alles einmal kräftig braten und dazu noch fünf Tomaten.
Füll auf mit Gemüsebrühe und den roten Linsen –
macht dich nicht nur groß und stark, bringt auch den Po
zum Grinsen.«

»Genau – das hört sich nach Pups-Pasta-Soße an!«, jubelt Michel.

Während Oma das Gemüse schält und schneidet, sitzt Michel am Küchentisch und schaut ihr zu.

»Möhren machen gesunde Haut und starke Augen«, sagt Oma, während sie eine in kleine Würfel schneidet.

»Ich mag gerne Möhren, Oma. Die kann ich jeden Tag essen«, strahlt Michel.

»Na dann bleibst du sicher lange fit und gesund«, erwidert Oma und reicht ihm eine kleine Möhre. »Weißt du, warum sie so gesund sind, und warum sie noch gesünder sind, wenn sie nicht gekocht werden?«, erkundigt sich Oma.

Michel schüttelt den Kopf, während er mit einem lauten Knacken ins frische Gemüse beißt.

»Sie stecken voller Vitamine und Mineralstoffe, die roh am besten erhalten bleiben. Damit gehören Möhren, die auch Karotten genannt werden, zu den wertvollsten Gemüsesorten. Wenn du sie regelmäßig isst, kräftigen sie deinen Körper und schützen dich vor Krankheiten«, weiß Oma.

»Essen alle Weltretter Möhren?«, fragt Michel interessiert. »Ganz bestimmt«, nickt Oma lächelnd. Sie setzt einen Topf mit Salzwasser für die Nudeln auf und erhitzt Olivenöl in einem zweiten Topf, um das Gemüse darin anzubraten. Während Oma fröhlich pfeifend das Lieblingsessen zubereitet, schaut Michel verträumt aus dem Fenster. Von seinem Platz aus blickt er direkt auf den Apfelbaum. Der sieht vielleicht lustig aus. So krumm und schrumpelig. Er erinnert ein bisschen an Opa. Michel muss grinsen. Er beobachtet, wie zwei Vögel um den Baum fliegen. Es sieht fast so aus, als würden sie tanzen. Oder Fangen spielen. Sie setzen sich ab und zu auf einen Ast und fliegen dann wieder weiter. Fliegen … fliegen wäre toll, denkt Michel. Plötzlich reißt ihn das Geräusch des Pürierstabs aus seinem Tagtraum.

Dann hört er Omas Stimme: »Fast fertig! Sagst du Opa Bescheid, mein kleiner Träumer? Ich muss nur noch die Pups-Pasta-Soße cremig pürieren und mit frischen Kräutern verfeinern.«

»Oooopa, wir wollen essen!«, ruft Michel, während er in Richtung Wohnzimmer läuft.

Opa, der es sich auf dem Sofa mit der Zeitung bequem gemacht hatte, legt diese nun auf den Tisch und seine Brille direkt daneben. »Hast du gekocht, Michel? Es riecht so lecker«, scherzt Opa gut gelaunt.

»Nein, Opa. Ich habe den Vögeln beim Fangen spielen zugeschaut. Sie sind ganz schnell geflogen! Das würde ich auch gerne können«, sagt Michel voller Begeisterung.

»Ja, das glaube ich dir gerne. Aber erst mal solltest du etwas essen, damit du auch genug Kraft zum Fliegen hast.« Opa steht auf und geht mit Michel zusammen in die Küche.

Oma hat die Teller und das Essen bereits auf den Tisch gestellt.

»Hmmmm, ich will die größte Portion!«, ruft Michel, während er mit der Hand seinen Bauch reibt.

Die drei sitzen in der Licht durchfluteten Küche und lassen sich die Pups-Pasta schmecken. Draußen ist wunderschön frühlingshaftes Wetter. Die Vögel zwitschern, die Luft ist mild und klar und die ersten Blumen fangen überall in den Gärten an zu blühen. Nur wenige Wolken sind am Himmel zu sehen und die Sonne strahlt so kräftig sie kann. Es ist der perfekte Tag, um raus zu gehen und die Welt zu begrüßen. Jetzt, wo der Winter vorüber und es tagsüber länger hell ist, packt Michel frische Abenteuerlust. Er möchte etwas erleben und er möchte anderen helfen. Vor allem ein Gedanke lässt ihn dabei nicht mehr los: Weltretten ist pupseinfach!

Oma erklärt ...

Was sind Vitamine?

Vitamine sind Stoffe, die wir Menschen in unserem Körper zum Leben brauchen. Nur wenige davon kann unser Körper selbst herstellen. Darum ist es wichtig, viele gesunde Dinge zu essen und zu trinken. Wer zum Beispiel sehr oft Fastfood und Fertigprodukte isst, aber nur selten frisches Obst und Gemüse, wird schneller krank, weil dem Körper dadurch wichtige Vitamine fehlen. Die meisten Vitamine bekommen wir Menschen und die Tiere aus der Natur. In Obst und vor allem Gemüse stecken die meisten Vitamine. Die Paprika enthält zum Beispiel fast dreimal mehr Vitamin C als die Orange.

Was sind Mineralstoffe?

Mineralstoffe sind genau wie Vitamine Stoffe, die Menschen und Tiere zum Leben brauchen. Sie können vom Körper nicht selbst produziert werden, sondern müssen über die Nahrung aufgenommen werden. Früher haben Tiere sich die Mineralstoffe beim Grasen auf der Wiese geholt. Heute werden sie dem Futter beigemischt, weil die meisten Tiere im Stall eingesperrt sind. Zu den vielen lebenswichtigen Mineralstoffen gehören zum Beispiel Kalzium, Magnesium, Jod und Eisen. 100 Gramm Kürbiskerne enthalten etwa dreimal mehr Eisen als 100 Gramm Fleisch. Damit die Mineralstoffe besonders gut vom Körper aufgenommen werden, gibt es kleine Tricks. Zum Beispiel wird Eisen besser aufgenommen, wenn man es zusammen mit Vitamin C isst. Also ist es ratsam, zum Müsli mit Haferflocken (Eisen) immer Obst (Vitamin C) zu essen.

Was ist ein Ohrwurm?

In diesem Fall geht es nicht um das kleine Insekt, welches auch als Ohrenkneifer bekannt ist. Im Übrigen kriecht dieses weder in Ohren, noch kneift es hinein. Ohrwurm ist die Bezeichnung für ein leicht zu merkendes Lied, das dem Hörer länger in Erinnerung bleibt und in Gedanken immer wiederkehrt.

Kapitel 4

Der Nachmittag

Omas Pups-Pasta war so lecker, dass ich zwei große Teller davon gegessen habe. Danach gab es auch noch einen kleinen Riegel zum Nachtisch. Es war so ein leckerer mit dunkler Schokolade und Nüssen drin. Den hat Oma mit mir im Biomarkt gekauft. Auf der Verpackung war auch wieder das Fairtrade-Siegel – wie auf den Bananen. Bei dem Riegel bedeutet es, dass die Kakao-Bauern mehr Geld für ihre Ernte bekommen und dass keine Kinder arbeiten müssen, wenn ich Schokolade esse. »Dann nehmen wir gleich drei mit« habe ich zu Oma gesagt.

»Michel, was wollen wir heute Nachmittag machen? Hast du Lust, in den Zoo zu gehen?« Opa schaut Michel erwartungsvoll an.

»Oh ja!«, ruft Michel. Aber dann hält er inne und überlegt.

»Nein, Opa, eigentlich lieber nicht in den Zoo«, sagt er mit gesenktem Kopf. »Ich möchte nicht, dass Tiere eingesperrt werden.« Nachdenklich steht er vom Sofa auf und stellt sich vor das große Terrassenfenster.

»Hm, das kann ich verstehen. Die Tiere möchten das sicher auch nicht«, entgegnet Opa.

Michel blickt nach draußen auf den schrumpeligen Apfelbaum im Garten, auf dessen Ästen jetzt viele Vögel sitzen. Frei sein, denkt Michel. Alle Tiere sollen frei sein wie Vögel. »Frei sein«, flüstert er immer wieder leise vor sich hin, während er verträumt den Vögeln zusieht.

»Du musst lauter sprechen. Opa kann doch nicht mehr so gut hören«, reißt Oma Michel aus seinen Gedanken, während sie durchs Wohnzimmer läuft und die Bilder auf der Vitrine mit einem puscheligen Staubwedel kitzelt.

»Oma, wieso können nicht alle Tiere frei sein? Die Vögel da draußen sind doch auch frei. Warum sperren Menschen Tiere ein?«, will Michel wissen.

»Ach, mein kleiner Weltretter, dafür gibt es viele Gründe. Einer davon ist sicherlich wie so oft das Geld.«

»Das stimmt wohl«, bestätigt Opa. »Ein Zoo lockt jede Menge Besucher in eine Stadt, die dadurch dann richtig viel Geld einnehmen kann. Und wenn wir in den Zoo gehen, unterstützen wir damit, dass die Tiere eingesperrt werden. Vielleicht war das doch keine so gute Idee von mir.«

Oma fügt hinzu, dass es wichtig ist, die Tiere in ihrer gewohnten Umgebung zu lassen. Dort, wo sie geboren und aufgewachsen sind, sollten sie auch bleiben und am besten einfach in Ruhe gelassen werden. Manchmal brauchen sie allerdings auch Schutz. Viele Tiere sind heute nämlich leider vom Aussterben bedroht, weil rücksichtslose Menschen Jagd auf sie machen. Ein Zoo hilft dagegen aber nur sehr wenig. Den meisten dort lebenden Tieren würde es zuhause viel besser gehen.

»Können wir die Zootiere denn nicht retten?«, fragt Michel hoffnungsvoll.

»Nun ja, sie wieder auszuwildern würde wahrscheinlich schwer werden. Aber zumindest können wir verhindern, dass immer mehr Tiere eingesperrt werden, indem wir einfach aufhören, Zoos, Aquarien, Tierparks und Zirkusse mit Tieren zu besuchen. Stattdessen können wir die Tiere beobachten, die bei uns im Wald oder im Park in freier Wildbahn leben. Oder wir besuchen einen Lebenshof«, schlägt Oma vor.

»Ein Lebenshof? Was ist das?«, fragt Michel neugierig.

Opa schaut Michel an, nimmt seine Brille von der Nase, legt sie auf den Tisch und klopft mit der Hand einladend auf das Sofa. Michel setzt sich zu ihm und schaut seinen Opa erwartungsvoll an.

»Auf einem Lebenshof werden verschiedene gerettete Haustiere, Wildtiere oder Nutztiere von Menschen versorgt, bis sie auf natürlichem Wege sterben«, erklärt Opa.

»Was sind denn Nutztiere?«, möchte Michel wissen.

»Das sind alle Tiere, die von Menschen gehalten werden, um sie zu essen: also zum Beispiel Kühe, Schweine, Gänse, Enten, Schafe, Ziegen oder Hühner«, antwortet Opa. »Diese Tiere werden oft sehr schlecht behandelt. Sie dürfen nicht nach draußen und werden bereits nach kurzer Lebenszeit geschlachtet. Auf einem Lebenshof muss kein Tier leiden und es wird auch niemals eins geschlachtet.«

»Und warum können dann nicht alle Tiere auf einen Lebenshof gebracht werden? Sollen wir das nicht einfach machen?«, fragt Michel hartnäckig.

Oma wiegt den Kopf hin und her und setzt sich zu Opa und Michel auf das Sofa. Opa lächelt Oma an und sagt: »Das könnt ihr beide ja jetzt ganz in Ruhe besprechen. Ich setze in der Zeit mal einen Kaffee auf.« Opa zwinkert Michel zu und geht in die Küche.

»Naja, so einen Lebenshof kannst du dir in etwa wie einen Bauernhof vorstellen«, beginnt Oma. »Es gibt dort nur begrenzt Platz, damit die Tiere sich auch wohl fühlen und nicht so dicht beieinander leben müssen wie die Nutztiere.«

»So dicht wie in einem vollen Bus?«, fragt Michel entsetzt.

»Richtig. Wie in einem völlig überfüllten Bus! Da fühlen wir uns auch nicht wohl. Nutztiere müssen ihr ganzes Leben so verbringen und wenn eines krank ist, steckt es die anderen schnell an. Daher bekommen die Tiere bereits von klein auf Medikamente – egal ob sie krank oder gesund sind«, erklärt Oma.

Michel seufzt: »Puh, also manchmal verstehe ich die Erwachsenen nicht, Oma. Wenn sie weniger Nutztiere hätten, bräuchten sie ihnen doch gar keine Medikamente zu geben. Wenn die Tiere draußen sind und Platz zum Spielen haben, können sie sich nicht so leicht anstecken, oder, Oma?«

»Genau, mein Schatz, aber nicht nur das. An der frischen Luft zu sein hält außerdem fit und gesund. Deswegen gehst du ja auch jeden Tag nach draußen. Es ist wirklich schade,

dass den meisten Tieren so etwas nicht gegönnt ist«, sagt Oma nachdenklich.

Opa kommt mit Kaffee und Apfelsaftschorle zurück ins Wohnzimmer. »Na ihr zwei, habt ihr schon einen Plan für heute Nachmittag?«

»Opa, können wir zu einem Lebenshof fahren und uns die Tiere anschauen?«, bittet Michel ganz aufgeregt.

Opa blickt auf die Uhr. »Nun, dann muss es eben ein schneller Kaffee werden. Der Bus kommt bereits in einer halben Stunde.«

»Juchuuuuu!«, schreit Michel und springt freudestrahlend durchs Wohnzimmer.

Er liebt Tiere! Sie haben ganz ähnliche Gefühle wie wir Menschen. In einer Kuhherde zum Beispiel gibt es auch Freundschaften. Andere Tiere bilden sogar richtige Liebespaare, die ihr gesamtes Leben zusammen verbringen. Und das ist oft lang, weil manche Tiere nämlich richtig alt werden können. Außerdem sind sie schlau. Hühner können rechnen und Schweine sogar richtige Kunststücke lernen, wenn sie wollen. Für Michel sind alle Tiere wie Freunde. Und weil er jetzt schon ziemlich gut weiß, wie er vielen davon helfen kann, stellt er überglücklich fest: Weltretten ist pupseinfach!

Oma erklärt ...

Warum keinen Zoo besuchen?

Die Gefangenschaft in Zoos, Tierparks, Delfinarien und Zirkussen macht die Tiere sehr krank. Besonders kluge Tiere wie Elefanten, Menschenaffen oder Delfine leiden darunter am meisten. Delfine sind annähernd so intelligent wie Menschen und erkennen sich sogar selbst im Spiegel. Wenn sie großem Stress ausgesetzt sind und etwas nicht mehr ertragen, nehmen sie sich das Leben, indem sie mit großer Kraft gegen einen Felsen oder eine Wand schwimmen. Manchmal hören sie auch einfach auf zu atmen. Das ist zum Beispiel passiert, als einer Mama ihr Kalb weggenommen wurde. Auch einer der Delfine aus dem Film »Flipper« war so gestresst durch die Kunststücke, die er machen musste, dass er aufhörte zu atmen.

Menschenaffen sind fast genauso schlau wie wir Menschen und verzweifeln in Gefangenschaft, weil es viel zu langweilig für sie ist. Das führt dazu, dass sie zum Beispiel ihr Essen wieder auswürgen und es erneut essen. Einige essen auch ihren Kot, reißen sich Haare aus oder verletzen sich selbst. Manche Zoos geben den Tieren Medikamente, damit sie die Gefangenschaft aushalten.

Weil Tiere sich in Gefangenschaft auch noch ganz unnatürlich verhalten, ist es eh viel schöner, sie in Freiheit so zu sehen, wie sie wirklich sind. Da gibt es ganz tolle Filme wie zum Beispiel die Naturdokumentation »Planet Erde«. Was es dort zu sehen gibt, hat kein Zoo auf dieser Welt zu bieten.

Warum dunkle Schokolade?

Dunkle Schokolade, auch Zartbitter, Edelbitter oder Halbbitter genannt, besteht in der Regel aus nur wenigen Zutaten wie Kakaomasse, Kakaobutter, Kakaotrockenmasse und Rohrzucker. Das Beste daran aber ist: Fast alle dunklen Schokoladen kommen komplett ohne tierische Zutaten aus. Viele Hersteller bieten sie mit Marzipan, Nüssen, Früchten, Vanille oder Reismilch an, um sie noch süßer zu machen. Auch viele Nougat-Schokoladen sind ohne tierische Inhaltsstoffe. Aber Vorsicht: Gesund ist auch dunkle Schokolade nicht. Daher sollte sie nur in Maßen genossen werden.

Was bedeutet aussterben?

Aussterben bedeutet, dass es eine Tier- oder Pflanzenart auf der Erde nicht mehr gibt, die vorher viele Jahre hier war. Das Aussterben kann viele Gründe haben.

Nicht immer, aber oft sind Menschen schuld am Aussterben von Pflanzen oder Tieren. Man sagt dann auch, dass der Mensch die Art ausgerottet hat. So war es zum Beispiel bei der Riesenseekuh, die wegen ihres Fleisches gejagt und nur wenige Jahre nach ihrer Entdeckung ausgerottet wurde. Fast ausgerottet ist auch das Nördliche Breitmaulnashorn oder der Spix-Ara, ein blauer Papagei. Das sind aber leider nur einige wenige Beispiele, da der Mensch tatsächlich schon ganz viele Arten ausgerottet hat. Neben der Jagd oder der maßlosen Nutzung als beispielsweise Baumaterial sind auch Umweltverschmutzung und Zerstörung der Lebensräume Gründe dafür, weshalb Tiere oder Pflanzen aussterben.

Die Biene zum Beispiel braucht Wiesen und Felder mit blühenden Pflanzen. Wenn es aber immer weniger davon gibt, weil die Menschen Straßen und Häuser bauen oder Gift auf den Feldern verteilen, haben die Bienen nicht mehr genug Nahrung. So kann es passieren, dass es immer weniger werden, bis irgendwann die letzte Biene stirbt.

Was bedeutet auswildern?

Der Spix-Ara, der in Brasilien zuhause war, ist heute in freier Natur ausgestorben. Es gibt nur noch wenige dieser schönen Papageien, die in Gefangenschaft leben. Da sie nie gelernt haben, für sich selbst zu sorgen, können sie jetzt aber nicht einfach frei gelassen werden. Deshalb versuchen die Menschen nun, ein paar dieser Tiere langsam an ein Leben in Freiheit zu gewöhnen. Das Ziel dabei ist, dass sie dort ohne die gewohnte Hilfe von Menschen überleben und sich sogar so wohl fühlen, dass sie sich fortpflanzen.

In Deutschland und in der Schweiz lebt heute wieder die größte europäische Raubkatze: der Luchs. Hier hat die Auswilderung gut geklappt.

Kapitel 5

Der Lebenshof

Ich bin so aufgeregt! Als Oma und Opa mir erklärt haben, was ein Lebenshof ist, wollte ich dort unbedingt sofort hinfahren. Da gibt es Tiere, die von lieben Menschen gerettet wurden. Eigentlich sollten diese Tiere nämlich geschlachtet werden. Aber auf dem Lebenshof dürfen sie nun für immer bleiben. Welche Tiere dort wohl leben? Ob ich sie streicheln darf?

»Sind wir bald da?«, fragt Michel ungeduldig, nachdem der Bus schon fünf Mal angehalten hat und er noch immer nicht aussteigen durfte.

Opa lacht: »Bald, mein Junge. An der nächsten Haltestelle steigen wir aus.«

Oma hat wieder ihren karierten Koffer dabei. Sie sagt oft »Wir müssen viel trinken« und nimmt deshalb immer genug Wasser mit. Und Obst. Heute hat sie auch noch die übrig gebliebenen Brötchen vom Frühstück eingepackt. »Man weiß ja nie« hat sie zu Opa gesagt.

Der Bus hält. Die Türen öffnen sich und die Sonne scheint Michel ins Gesicht, dass er blinzeln muss.

»So ein schönes Wetter heute«, freut sich Oma, als die drei am Ortseingang aussteigen.

»Schau mal, Michel. Da hinten ist der Lebenshof schon. Wir müssen nur noch ein paar Schritte laufen.« Opa zeigt zu einem großen Stall neben einer Kuhweide und einem kleinen Wäldchen.

»Wie idyllisch es hier ist!«, schwärmt Oma, während sie den von Bäumen gesäumten Weg bis zur Hofeinfahrt entlanglaufen.

»Wer ist das denn?«, fragt Michel, als er ein Mädchen über den Hof laufen sieht.

»Das weiß ich nicht. Vielleicht auch eine Besucherin«, antwortet Opa.

Das Mädchen bleibt stehen und lächelt freundlich: »Hallo, habt ihr einen Besuchstermin?«

Oma schaut Opa fragend an.

Opa zuckt mit den Achseln. »Oh, ich wusste nicht, dass wir einen

Termin vereinbaren müssen. Wir sind sehr spontan losgefahren.«

»Unsere Besuchstermine und Hofführungen sind immer sonntags. Aber wenn ihr schon mal hier seid, könnt ihr unsere Schweine kennenlernen. Ich wollte sie gerade füttern. Also, wenn ihr Lust habt?« Das Mädchen strahlt Michel an.

»Oh ja!«, freut sich Michel.

»Ich bin Ida. Wie heißt du?«, will das Mädchen wissen.

»Michel. Und das sind meine Oma und mein Opa«, stellt Michel alle vor. »Wohnst du hier auf dem Hof?«, fragt er neugierig.

»Ja. Meinen Eltern gehört der Lebenshof. Früher war mein Papa Landwirt. Dann hat er sich aber irgendwann entschieden, lieber Tieren zu helfen«, erklärt Ida.

Fasziniert folgen Michel, Opa und Oma der freundlichen Ida zum Schweinestall. Unterwegs verrät sie ihnen, dass sie drei Jahre alt war, als ihre Eltern sich entschieden haben, den Hof umzustellen. Fortan wollten sie Tieren ein Zuhause für immer geben. Idas Mama ist von Beruf Konditorin und backt die leckersten Kuchen und Torten für das kleine Hof-Café. Jeden Sonntag gibt es Führungen, bei denen die Besucher die Tiere des Hofes kennenlernen und streicheln können. Anschließend haben die Gäste die Möglichkeit, sich die Leckereien schmecken zu lassen, die Idas Mama gezaubert hat.

»Eine wundervolle Idee!«, findet Oma.

»Schau mal, Michel. Da sind sogar zwei Ferkel!«, stellt Opa freudig fest, als sie die Weide mit dem angrenzenden Schweinestall erreichen.

»Ja, die beiden Ferkel Pomfriedel und Momo haben wir noch gar nicht lange. Sie sind entwischt, als sie verladen werden sollten. Eigentlich wollte der Züchter sie verkaufen, damit sie gemästet und in ein paar Monaten gegessen werden können. Mit ganz viel Glück sind die beiden dann hier bei uns gelandet«, erzählt Ida begeistert.

Die drei müssen kichern, als Ida den Namen Pomfriedel erwähnt.

»Wer hat sich denn die Namen ausgedacht?«, schmunzelt Opa.

»Momo hat seinen Namen von Herrn Weber bekommen. Das ist ein Freund von Mama und Papa. Er ist auch gleichzeitig Momos Patenonkel und gibt meinen Eltern jeden Monat ein bisschen Geld für Futter oder Tierarztkosten.

Alle unsere Tiere haben Menschen als Paten. Jeden Monat spenden sie ein bisschen Geld, damit Mama und Papa auch gut für die geretteten Patenkinder sorgen können.

Und meine Oma Brunhilde hat Pomfriedel getauft. Sie fand den Namen so lustig!«, freut Ida sich.

Michel muss wieder kichern: »Das finde ich auch!«

»Die Sau hier vorne heißt Edith«, erklärt Ida weiter. »Sie ist die älteste von unseren drei Sauen und genießt es, gekrault zu werden. Dann ist da hinten noch der dicke Eber Kalle.« Ida zeigt auf ein Schwein, das abseits in einem abgetrennten Weidebereich steht.

»Warum ist Kalle denn allein?«, erkundigt sich Opa.

»Er ist nur in einem abgetrennten Bereich, damit die Ferkel sich in Ruhe eingewöhnen können. Kalle ist nämlich ganz schön frech. Die Sauen und Ferkel sind aber gleich nebenan. Wenn sie wie jetzt alle draußen sind, können sie sich trotzdem sehen. Papa lässt sie zunächst immer nur eine Zeit lang zusammen und beobachtet, ob Kalle auch lieb zu den Kleinen ist«, antwortet Ida. »Wollt ihr Edith mal streicheln?«

Da lassen sich Michel und Oma nicht zweimal bitten. Oma stellt ihren Koffer abseits der neugierigen Ferkel und Sauen an den Zaun und fragt Opa: »Traust du dich auch?«

»Na, wenn du so fragst«, entgegnet Opa amüsiert und folgt den dreien durch die Pforte zu Edith.

Die alte Sau freut sich über den Besuch und auch die anderen beiden kommen mit den Ferkeln gespannt hinzu. Ida hat einen Eimer mit Futter dabei.

Michel, Oma und Opa nehmen sich Kartoffeln und Äpfel aus dem Eimer und halten sie den Schweinen vor die schnuppernden Rüssel. Als Edith sich grunzend über das Futter hermacht, nutzen Michel und Oma die Gelegenheit und kraulen die Sau.

Doch während die vier sich mit den Schweinen beschäftigen und ihnen beim Fressen zusehen, macht sich der Eber Kalle unbemerkt an Omas Koffer zu schaffen. Er hat natürlich auch mitbekommen, dass es etwas zu fressen gibt. Nur ist er durch den Zaun von den Leckereien getrennt. Da Schweine aber nicht nur neugierige, sondern auch ziemlich kluge Tiere sind, hat Kalle direkt mal den interessanten Koffer in seiner Reichweite untersucht.

»Hey!«, ruft Opa laut. Doch da ist es schon zu spät. Kalle hat die Brötchentüte bereits aus dem halb offenen Koffer gemopst.

Oma und Michel müssen laut lachen, während Opa zu dem frechen Eber läuft und den Koffer von ihm wegzieht. Da hatte Kalle es tatsäch-

lich geschafft, sich still und heimlich aus der anderen Ecke der kleinen Weide zum Zaun zu schleichen und sich an den Brötchen zu bedienen.

»Hauptsache, es schmeckt ihm!«, lacht Oma.

Vergnügt füttern Ida, Michel, Opa und Oma die Schweine zu Ende. Dabei erzählt Ida ihnen von einem großen Tierschutzfest, das nächsten Sonntag auf dem Hof stattfinden wird. Sie meint, dass ihre Mama sich sicher über etwas Unterstützung beim Backen freuen würde. Fröhlich bietet Oma an, einen Apfelkuchen für das Fest zu spendieren.

Michel ist glücklich. Es hat einen riesigen Spaß gemacht, die Schweine zu füttern. Und tatsächlich sind die ganz schön schlau. Ein Lebenshof ist doch viel schöner als ein Zoo und für Tiere die Welt zu retten ist wirklich pupseinfach!

Oma erklärt ...

Was ist ein Züchter?

Ein Züchter ist ein Mensch, der sein Geld verdient, indem er Tiere vermehrt und die Babys verkauft. Das können beispielsweise Kühe und Schweine, aber auch Katzen oder Hunde sein.
Einige Tiere werden speziell für den Gebrauch durch den Menschen gezüchtet, beispielsweise Kampfstiere zur Belustigung, Pferde zum Reiten oder Esel zur Arbeit mit schweren Lasten.
Züchter möchten nur für den jeweiligen Zweck perfekte Tiere, die viel Geld einbringen. Daher gibt es leider auch viele Qualzuchten. Das heißt, dass die dort für eine bestimmte Aufgabe geborenen Tiere ansonsten vielleicht Schmerzen haben, nicht gut laufen, riechen oder etwas anderes nicht richtig können. Kühe zum Beispiel geben heute besonders viel Milch. Das war jedoch nicht immer so, sondern wurde von Menschen über viele Jahre hinweg so gezüchtet. Dafür haben die Kühe jetzt aber oft Schmerzen im Euter, in den Beinen und im Rücken, weil ihre Euter viel zu groß und zu schwer für ihre Körpergröße sind.
Ähnlich ist es bei Hühnern. Wildhühner können höchstens 60 Eier im Jahr legen. Die Menschen haben die Tiere jedoch durch Züchtung so stark verändert, dass sie heute rund 300 Eier im Jahr legen und noch dazu besonders große. Die Hühner aber haben dadurch sehr heftige Schmerzen.
Viele Menschen mögen Perserkatzen oder Hunderassen wie Mops und Bulldogge. Diesen Rassen wurden runde Köpfe und eine kurze Schnauze angezüchtet. Dadurch können sie jetzt nicht mehr richtig atmen. Es gibt eine sehr lange Liste an Hunde- und Katzenrassen, die unter der Qualzucht ein Leben lang leiden.

Was bedeutet mästen?

Mästen sagt man, wenn Tiere so übertrieben gefüttert werden, dass sie unnatürlich schnell an Gewicht zunehmen. Das geschieht meistens, damit sie früher geschlachtet werden können. Die Tiermast erfolgt nicht im Freien, sondern in großen Mastanlagen oder Mastbetrieben, wo es den Menschen nur darum geht, möglichst viele tierische Produkte wie Fleisch und Wurst zu erzeugen.
Masttiere wie Rinder, Schweine oder Geflügel müssen ihr kurzes Leben in stickigen, dunklen Ställen verbringen, bis sie dick genug sind, um getötet und gegessen zu werden.

Was ist ein Pate?

Diesen Begriff gibt es schon viele Hundert Jahre. Er stammt aus der Kirche. Ursprünglich ging es darum, dass der oder die Getaufte eine Person zur Unterstützung bekommt, die ihm oder ihr dabei hilft, ein christliches Leben zu führen.
Heute hat sich der Begriff weiterentwickelt und wird allgemein benutzt, wenn jemand immer für eine bestimmte Person oder ein Tier da ist und hilft.
An manchen Schulen wird zum Beispiel jedem Erstklässler ein älterer Schüler oder eine ältere Schülerin als Pate zugeteilt.
Es gibt aber auch Patenschaften für Tiere. Wenn Menschen ein Patentier haben, bedeutet das im Gegensatz zum Haustier, dass das Tier nicht bei ihnen lebt, sondern bei anderen Menschen, die sich darum kümmern. Der Pate gibt diesen Menschen aber regelmäßig Geld für Futter und Tierarztkosten. So hilft er dabei, dass das Tier ein langes und gesundes Leben hat.

Kapitel 6
Rettet das Huhn

Der Besuch auf dem Lebenshof gestern war großartig! Vor allem Kalle, der uns die Brötchen geklaut hat. Wir haben so viel gelacht!

Ich konnte richtig gut schlafen, weil ich nach dem langen Tag gestern sehr müde war. Heute ist Sonntag. Ab und zu essen wir sonntags ein Ei, wenn Helmuts Hühner welche gelegt haben. Helmut ist der Freund von Opa. Er wohnt gleich gegenüber. Manchmal gehe ich mit Opa oder Oma hin und dann nehmen wir für seine Hühner unsere Obst-, Gemüse- oder Salatreste mit.

Michel gähnt, als er aus dem Gästezimmer kommt. »Guten Morgen, Oma und Opa!«

»Guten Morgen, mein Großer. Hast du gut geschlafen?«, erkundigt sich Opa.

»Ich habe von Kalle geträumt!«, grinst Michel bis über beide Ohren.

»Na das war dann ja bestimmt ein ziemlich lustiger Traum«, freut sich Oma. »Bereit für ein Weltretter-Stärkungs-Frühstück?«

»Oh ja, ich hab einen riesigen Hunger!«, antwortet Michel.

»Oma hat frische Brötchen gebacken. Heute gibt's kein Ei dazu. Helmuts Hühner haben wohl nicht so viele gelegt«, bemerkt Opa.

»Das macht nichts. Können wir die Hühner nach dem Frühstück denn füttern gehen, Opa?«, fragt Michel.

»Aber sicher! Wir haben noch ein wenig Salat zum Mitnehmen übrig.

Den lieben die Hühner. Da fällt mir ein: Wusstest du, dass Helmut auch so eine Art Weltretter ist?«, fragt Opa beiläufig.

Jetzt hat er Michels volle Aufmerksamkeit: »Wie meinst du das, Opa?«

»Naja«, schmunzelt Opa, »zumindest ein Weltretter für seine 13 Hühner. Die hat Helmut nämlich vor dem Suppentopf bewahrt. Sie wurden in der Eierindustrie aussortiert, weil sie nicht mehr genügend Eier gelegt haben.«

»Eierindustrie?«, wundert sich Michel.

»Ja. Fast alle Eier, die es im Geschäft zu kaufen gibt, kommen aus der Eierindustrie. Die Hühner leben dort in stickigen Hallen und sehen in ihrem ganzen Leben kein einziges Mal das Tageslicht. In der Natur picken, wühlen und schaben Hühner. In einer solchen Eierfabrik leben sie auf Betonböden und Metallgittern. In Freiheit kann ein Huhn durchschnittlich etwa zehn Jahre alt werden, doch in einer sogenannten Legebatterie wird es nach ungefähr einem Jahr geschlachtet. Dann nämlich legt es für die Industrie nicht mehr genügend Eier«, erklärt Opa.

Michel ist betrübt. Er wusste nicht, dass es so etwas Trauriges gibt. Gleichzeitig freut er sich jetzt aber umso mehr, dass Helmut seine Hühner gerettet hat. Nun dürfen sie im Garten leben anstatt in einer dunklen Halle.

Nach dem Frühstück ziehen sich Opa und Michel ihre Schuhe und Jacken an und packen die restlichen Salatblätter ein. Gemeinsam gehen sie über die Straße zu Helmuts Haus und klingeln.

»Moin Helmut, wie geht's dir?«, fragt Opa, als sich die Haustür öffnet.

»Ich kann nicht klagen, Paul«, antwortet Helmut. Dann schaut er seinen kleineren Gast an. »Und wie geht's dir, Michel? Hast du meinen Hühnern wieder etwas Leckeres mitgebracht?«

»Ja, Salat!«, freut sich Michel und streckt ihm die Schüssel mit den grünen Blättern entgegen.

»Oh, Salat mögen sie besonders gern! Na, dann lasst uns mal rausgehen. Ich ziehe mir nur noch schnell eine Jacke an«, sagt Helmut heiter.

Als er mit Opa und Michel in den Garten geht, kommen die Hühner bereits an den Zaun gelaufen. Sie ahnen schon, was sie gleich

bekommen. Michel zerreißt die Salatblätter und wirft sie einzeln über den Zaun. Wie wild stürzt sich die Hühnerhorde auf das frische Grünzeug und pickt drauf los. Michel muss lachen.

»Du, Helmut? Stimmt es, dass du die Hühner gerettet hast?«, fragt Michel neugierig.

Helmut strahlt: »Ja, das stimmt. Vor etwa zwei Jahren habe ich gelesen, dass der Verein *Rettet das Huhn e.V.* Hunderte ausgedienter Legehennen aus der Massentierhaltung gerettet hatte. Sie suchten dringend Menschen, die sich um die Hühner kümmern. Da mein Grundstück groß genug ist, brauchte ich nur noch das alte Gartenhaus zu einem Hühnerhaus umzubauen und schon konnten 20 Hühner bei mir einziehen.«

Michel macht große Augen: »So viele? Toll!«

»Leider sind mittlerweile einige Hühner gestorben«, beklagt Helmut. »Aber sie durften zumindest noch viele Monate ein artgerechtes Leben führen. Und bei mir haben alle Hühner einen Namen bekommen.«

»Aber die sehen doch alle gleich aus? Wie kannst du die Hühner denn auseinanderhalten?«, staunt Michel.

»Wenn du genau hinguckst, kannst du das auch, mein Lieber. Dann sehen die Hühner nämlich alle unterschiedlich aus und jedes hat außerdem noch seine ganz eigene Persönlichkeit. Schau mal, dort hinten ist Rosi. Sie hat das hellste Gefieder von allen. Linchen ist blitzschnell und immer als erste da, wenn es Futter gibt. Krümel ist mein kleinstes Huhn. Und Nea liebt es zu kuscheln. Sie suchte von Beginn an meine Nähe. So hat jedes Huhn zu seinem Namen gefunden«, sagt Helmut voller Stolz.

»Und legen sie noch viele Eier?«, fragt Opa neugierig.

»Naja«, antwortet Helmut. »Da diese sogenannten Hybridhühner für eine hohe Eierproduktion gezüchtet wurden, legen sie auch noch immer welche. Aber es wird weniger. So legen sie nicht mehr täglich ein Ei, sondern nur noch drei oder vier pro Woche.«

»Und wer isst die vielen Eier?«, interessiert sich Michel.

»Ein paar esse ich selbst und die anderen bekommen die Nachbarn.

Dafür bringen sie mir frisches Grünzeug für die Hühner. So wie du heute!«, zwinkert Helmut Michel zu.

»Ich finde es super, dass du die Hühner zu dir genommen hast. Du bist ein echter Hühner-Weltretter!«, ruft Michel energisch.

Helmut lacht: »Freut mich, dass du es so siehst, Michel. Und weißt du was? Im Sommer werde ich wieder gerettete Hühner bei mir aufnehmen und dann können wir uns ja gemeinsam ihre Namen ausdenken. Was meinst du?«

Michel ist begeistert. Er kann es kaum erwarten, seinen Eltern heute Mittag davon zu erzählen. Aber zuerst wird Oma es erfahren. Michel hatte ja keine Ahnung, dass die Eier aus dem Laden von Hühnern kommen, die so ein kurzes und trauriges Leben haben. Zum Glück gibt es Menschen wie Helmut, die den Hühnern ein neues Zuhause schenken, wo es egal ist, ob sie Eier legen oder nicht, und wo sie im Garten picken und schaben und einfach glücklich sein dürfen. Am Beispiel von Helmut hat Michel heute also ein weiteres Mal gesehen, dass Weltretten pupseinfach ist!

Oma erklärt ...

Was heißt Industrie?

In der Industrie werden Dinge wie beispielsweise Kleidung, Autos oder Lebensmittel in großen Mengen hergestellt. Das Wort Industrie bedeutet in etwa Fleiß oder fleißig. Industrien sind keine kleinen Werkstätten oder Betriebe, sondern sehr große Hallen oder Fabriken voller Maschinen und Roboter. Diese können einige Aufgaben schneller und genauer erledigen als wir Menschen. So arbeiten heute Menschen und Maschinen zusammen.

Eierindustrie bezeichnet demnach alle großen Fabriken, in denen viele Hühner Eier produzieren. Auch hier kommen Maschinen zum Einsatz, um die gelegten Eier einzusammeln, den Hühnern Futter zu geben oder sauber zu machen.

Was ist eine Legebatterie?

Das hat nichts mit einer gewöhnlichen Batterie zu tun.

Legebatterien werden von Menschen gebaut, um auf sehr kleinem Raum möglichst viele Hühner zu halten. In einer Legebatterie findet man keine gewöhnlichen Haushühner, sondern sogenannte Hybridhühner. Sie wurden so gezüchtet, dass sie entweder besonders schnell Fleisch ansetzen oder besonders viele Eier legen – und das möglichst billig. Auch sie gehören zu den Qualzuchten. Legehybriden, also Legehennen, werden nach etwa einem Jahr geschlachtet, weil sie dann völlig erschöpft sind und weniger Eier legen.

Vorher werden sie zu Hunderten in kleinen Käfigen gehalten.

Jedes Huhn hat dabei ungefähr einen Lebensraum von der Größe eines DIN-A4-Blatts. Die Käfigböden bestehen aus Gittern, damit sie nicht gesäubert werden müssen. Die Käfige sind meistens auch noch in drei Reihen übereinandergestapelt. Um zu erreichen, dass die Tiere möglichst viele Eier legen, wird ihnen durch künstliches Licht außerdem eine schnellere Abfolge von Tag und Nacht vorgespielt.
Die Hühner aus so einer Massentierhaltung sind oft sehr krank. Sie verlieren Federn, bis sie fast nackt sind. Nicht alle Tiere überleben das erste Jahr. Normalerweise kann ein Huhn in Freiheit jedoch bis zu 20 Jahre alt werden.

Was ist Massentierhaltung?

Anders als auf einem Bauernhof, wo Tiere gehalten und Futter angebaut wird, geht es bei der Massentierhaltung nur darum, möglichst viele tierische Produkte wie Eier, Wolle, Milch oder Fleisch zu erzeugen. Massentierhaltung wird auch Intensivtierhaltung oder industrielle Tierhaltung genannt. Wie der Name schon verrät, werden dort Massen von Tieren auf einem Fleck gehalten, wodurch sie kaum Platz haben. Das ist ungefähr so, als müssten wir unser ganzes Leben in einer Badewanne wohnen. Außerdem gäbe es niemals Ruhe und wir würden Tag und Nacht anderen Menschen beim Sprechen zuhören müssen.
Massentierhaltung ist nicht nur für die leidenden Tiere, sondern auch für unsere Umwelt sehr schlimm. Riesige Mengen an Futter werden benötigt, die hier bei uns allein nicht hergestellt werden können. Daher werden zum Beispiel große Mengen Soja aus Südamerika nach Europa gebracht. Für den Anbau der Soja-Pflanzen wird in Südamerika der Regenwald abgeholzt, was für unseren Planeten besonders schlecht ist.

Die Regenwälder auf der Erde können nämlich sehr viel CO_2 aufnehmen. Wir brauchen sie daher dringend, um unser Klima zu erhalten.

Da in der Massentierhaltung so viele Tiere auf engstem Raum gehalten werden, können sich Krankheiten besonders schnell verbreiten. Alle Tiere bekommen deshalb Medikamente zur Vorsorge, auch wenn sie völlig gesund sind. Das ist nicht nur schlecht für die Tiere, sondern auch für die Menschen, da diese Medikamente eventuell in unseren Körper gelangen können, wenn wir Fleisch, Eier oder Milch aus der Massentierhaltung zu uns nehmen.

Außerdem ist die Massentierhaltung schädlich für unsere Böden, weil dadurch zu viel Gülle entsteht. Früher diente Gülle als Dünger auf den Feldern. Mittlerweile gibt es aber so viel davon, dass der Boden schon vergiftet ist, weil er gar nicht mehr alles aufnehmen kann.

In Deutschland gab es im Jahr 2017 fast doppelt so viele Nutztiere wie Menschen. Da Rinder, Schweine, Hühner, Puten, Schafe und so weiter aber fast alle in riesigen Mastanlagen leben müssen, bekommen wir das gar nicht so mit.

Übrigens gibt es Massentierhaltung auch bei Fischen wie beispielsweise Lachsen oder Thunfischen. Das heißt dann Aquakultur. Dazu werden riesige Käfige im Wasser gebaut und es entsteht das gleiche Problem wie bei der Gülle. Durch die vielen Ausscheidungen der Fische überdüngen hier nur nicht die Böden, sondern die Gewässer. Das Medikamentenproblem ist ebenfalls das gleiche. Auch Fische bekommen vorsorglich Antibiotika, um nicht zu erkranken.

Kapitel 7

Oma backt

8

Letztes Wochenende war es wirklich aufregend bei Oma und Opa. Zuerst haben wir den Lebenshof besucht und dort habe ich Ida kennengelernt.
Und am nächsten Morgen bin ich mit Opa zu seinem Freund Helmut gegangen. Der hat Hühner gerettet, die eigentlich geschlachtet werden sollten, weil sie nicht mehr genug Eier legen.

Heute ist wieder Sonntag und meine Eltern bringen mich zu Opa und Oma, weil wir gemeinsam zum Tierschutzfest fahren wollen. Aber vorher backe ich mit Oma noch den Apfelkuchen!

»Na dann habt ganz viel Spaß!«, sagt Mama und öffnet ihre Arme zur Verabschiedung.

Michel gibt sich alle Mühe, Mama nur vorsichtig zu drücken, denn ihr Bauch wird immer größer.

»Den haben wir bestimmt«, sagt Oma und schaut Mama dabei fröhlich an. »Und du legst mal die Beine hoch und genießt das herrliche Wetter!«

»Dafür sorge ich schon«, verkündet Papa gelassen.

»Bis heute Abend, mein kleiner Weltretter«, sagt er und gibt Michel einen Kuss auf die Stirn, bevor er mit Mama das Haus verlässt.

»Hilfst du mir beim Backen?«, fragt Oma.

»Au ja!«, freut sich Michel. »Opa, machst du auch mit?«

»Na, ich weiß nicht. In der Küche hat Oma das Sagen. Da bleibe ich lieber fern«, scherzt Opa.

Oma tut so, als würde sie böse gucken. »Das ist auch besser so.«

Opa muss laut lachen. Letztes Jahr hat er Oma am 1. April einen Streich gespielt und den Zuckertopf mit dem Salztopf vertauscht.

Oma hat es erst viel später gemerkt. Die Möhrensuppe war dann furchtbar süß und der Kuchen total versalzen. Seither verteidigt Oma ihre Küche mit dem Besen, wenn Opa ihr beim Kochen oder Backen helfen möchte.

»Nimm Opa mal lieber mit in den Keller«, meint Oma zu Michel und schiebt die beiden Richtung Treppe. »Ich brauche vier große Äpfel.«

Im Keller ist es kühl, dunkel – und auch ein bisschen gruselig. Aber hier bewahren Oma und Opa all die Leckereien auf. Es gibt Kartoffeln und Äpfel, Omas selbstgekochtes Apfelmus und die eingemachten Früchte.

Opa und Michel tragen die Äpfel in die Küche, wo Oma bereits die Backzutaten, Schüsseln und eine Backform aus den Schränken holt.

»Prima, danke schön!«, lächelt Oma.

»Was brauchen wir noch?«, erkundigt sich Michel neugierig.

»Oh, gleich fängt Oma an zu singen – ich geh' mal lieber«, spaßt Opa.

Oma lacht: »Ja, sonst hole ich den Besen!«

Michel kichert und schon legt Oma los:

»Ein saftiger Apfelkuchen, der kommt wie gerufen!

Im Schälchen die Äpfel geviertelt fein,
von Zitrone kommen Schale und Saft hinein.

Mehl mit Backpulver kräftig vermischt,
in einer zweiten Schüssel aufgetischt.

Vanille und Zucker kommen hinzu.
Es folgt eine Prise Salz im Nu.

Dazu ein Löffelchen voll Zimt,
nun sind die trockenen Zutaten bestimmt.

Geschwind muss ein weiterer Becher herbei,
doch Vorsicht: Hier wird's schnell eine Kleckerei!

Geschmolzene Margarine mit Haferdrink vermengt
werden für den Teig das flüssige Geschenk.

Nun verrühr' den frischen Brei mit Mehlgemisch,
zuletzt noch etwas Wasser – aber das mit dem Zisch!

Danach wird der Teig mit den Äpfeln geschmückt,
im Ofen ist er nach einer Stunde geglückt!«

Michel schaut Oma freudestrahlend an.

Oma zwinkert. »Möchtest du die Zutaten in die Schüssel geben? Ich sage dann stopp, wenn die Waage die richtige Menge anzeigt. In Ordnung?«

»Japp!«, antwortet Michel und schnappt sich sofort das Mehl.

Hand in Hand bereiten Oma und Michel den Teig vor und belegen ihn danach mit den geviertelten Äpfeln.

Michel ist gerne bei Oma in der Küche. Alles, was Oma kocht und backt schmeckt super-duper-lecker, findet er. Nachdem Oma den Apfelkuchen in den Ofen geschoben hat, beginnt sie, die Küche aufzuräumen. Michel schaut sich derweil ein Buch an.

ZUCKER
ZIMT
BIO HAFER-DRINK
MARGARINE
DINKEL MEHL
BACK-PULVER

»Oma?«

»Ja, Michel?«

»Ich freue mich schon auf meine kleine Schwester! Vielleicht kann sie auch beim Kuchenbacken mithelfen, wenn sie größer ist«, überlegt Michel.

Oma schmunzelt: »Dann ganz bestimmt! Erst mal muss deine Schwester jedoch auf die Welt kommen. Bis dahin dauert es noch eine Weile und solange kannst du mir helfen.«

»Das mache ich!«, ist sich Michel sicher. »Es riecht aber schon lecker, Oma!«

»Oh ja, das finde ich auch! Gleich ist der Kuchen fertig. Und dann können wir uns auch schon bald auf den Weg machen«, stellt Oma fest, als sie auf die Uhr sieht.

Michel macht große Augen und lässt vor Freude das Buch fallen. »Ooooopa, wir fahren gleich lohooos!«, ruft er aus vollem Hals.

Oma lacht: »Nur Geduld, Michel!«

Aber der ist schon ganz aufgeregt. Er freut sich unheimlich doll darauf, Ida und die Schweine wiederzusehen. Heute darf er noch dazu die anderen Hoftiere kennenlernen.

Außerdem liebt Michel Omas selbstgebackene Sachen. Der Weltretter-Apfelkuchen ist dabei sein absoluter Favorit. Der ist nämlich nicht nur komplett ohne Eier, Butter oder Milch gemacht, sondern auch noch mit den leckeren Äpfeln aus Omas und Opas Garten. Mit Omas Rezepten ist Weltretten wirklich pupseinfach!

Das Rezept für den Weltretter-Apfelkuchen findest du auf Seite 94.

Kapitel 8
Das Tierschutzfest

Oh, ich freue mich so! Der Apfelkuchen für das Tierschutzfest duftet fantastisch. Oma ist die beste Kuchen-Bäckerin der Welt!
Die Busfahrt zum Lebenshof vergeht heute wie im Flug. Wir sind schon fast da. Ich bin gespannt, welche Tiere sonst noch auf dem Hof leben. Hoffentlich kann Ida sie mir alle zeigen.

Als sich die Bustüren öffnen, staunen Michel, Oma und Opa nicht schlecht. Sie sehen die Baumallee, die zum Hof führt, in vielen Farben erstrahlen. Bunte Lampions hängen an den unteren Ästen und Schilder weisen auf das heutige Fest hin.

»Wow, seht mal!«, ruft Michel begeistert.

»Das ist wirklich wunderschön geschmückt«, antwortet Oma.

Sie gehen die Allee entlang. Auf dem Hof sind einige Stände aufgebaut, an denen sich die Gäste über verschiedene Vereine informieren können. An einem Stand werden obendrein noch frische Waffeln und Milchalternativen wie beispielsweise Haferdrink zum Testen angeboten. Dahinter stehen ein Mann und eine Frau. Sie zeigen den Leuten, wie ihr Verein Tiere rettet, die kein gutes Zuhause haben. Ein Stück weiter wurde sogar eine kleine Bühne mit Lautsprechern aufgebaut. Gleich daneben steht eine junge Frau vor einem großen Schild, auf dem Hühner zu sehen sind. Lächelnd verteilt sie Zettel an die Besucher. *Rettet das Huhn e.V.* steht darauf. Michel zieht Opa und Oma an allen Ständen vorbei und steuert direkt auf Ida zu, die mit ihrer Mutter vor dem Eingang des kleinen Hofcafés steht und die ersten Gäste begrüßt.

CAFÉ

»Hallo, Ida!«, ruft Michel schon von weitem und winkt ihr zu.

»Hallo!«, lächelt sie zurück.

Als die Gäste, mit denen sich Ida und ihre Mutter unterhalten haben, zu einem der Stehtische gehen, um sich das Programm für den heutigen Tag durchzulesen, gehen Michel, Oma und Opa näher ran. »Herzlich willkommen! Ich bin Idas Mama«, sagt Idas Mama. »Ich freue mich Sie kennenzulernen.«

»Sie haben es wirklich schön hier!«, betont Opa und gibt Idas Mama die Hand.

»Die Freude ist ganz auf meiner Seite!«, strahlt Oma nun. »Ich habe einen frischen Apfelkuchen mitgebracht!«

»Das ist wirklich lieb von Ihnen, vielen Dank! Möchten Sie nicht hineinkommen und sich mein Café anschauen?«, lädt Idas Mama Oma und Opa ein.

»Ich gehe mit Ida zu den Tieren!«, kündigt Michel an.

»Okay! Komm, Michel! Ich zeige dir die Schafe und die Kühe«, sagt Ida. Dann pfeift sie plötzlich und ruft laut »Barnie!«.

Rasant kommt jetzt ein kleiner weiß-brauner Hund auf sie zugelaufen. »Fein, Barnie!«, lobt Ida.

»Der ist ja süß!«, jubelt Michel.

»Ja, das ist Barnie, ein Mädchen«, entgegnet Ida. »Wir haben sie aus dem Tierheim. Niemand wollte sie haben, weil sie nicht mehr so gut sieht und schon etwas älter ist. Dabei ist sie total lieb.« Ida wuschelt Barnie über den Kopf.

Michel streichelt die Hundedame ebenfalls, die sich schwanzwedelnd an sein Bein schmiegt.

»Na, Barnie, kommst du mit zu den Schafen und den Kühen?«, fragt Michel freudestrahlend.

Gemeinsam gehen die drei zu den großen Wiesen hinter dem Stall.

Auf der ersten stehen acht Schafe und grasen friedlich. Gleich daneben

ist eine weitere Wiese, auf der einige Eichen wachsen. Darunter liegen ein paar der Kühe wiederkäuend im Schatten. Die restlichen jedoch haben die Besucher bemerkt und machen sich nun langsam auf den Weg zu ihnen. Jetzt kommen auch die Schafe neugierig an den Zaun.

»Habt ihr die Schafe auch gerettet?«, fragt Michel.

»Ja, die Schafe gehörten einem Bauern, der seinen Hof verkaufen musste«, erklärt Ida. »Von ihm haben wir auch die Kühe bekommen. Alle Tiere sollten eigentlich zum Schlachter gebracht werden. Jetzt aber dürfen sie bei uns bleiben und in Ruhe alt werden. Hier müssen sie keine Milch oder Wolle mehr geben und werden natürlich auch nicht gegessen.«

»Haben die auch alle Namen?«, interessiert sich Michel.

Ida nickt eifrig: »Ja klar! Bei uns bekommt jedes Tier einen Namen – so wie Menschen auch. Tiere sind unsere Freunde und sie haben es verdient, auch so behandelt zu werden.«

»Ida, du bist ja eine Weltretterin!« Michels Augen leuchten.

Ida lacht: »Wie kommst du denn darauf?«

»Für die Tiere hast du die Welt gerettet!«, stellt Michel fest.

»Okay, das stimmt«, grinst Ida stolz. »Naja, eigentlich waren es meine Eltern. Aber ich helfe ihnen.«

»Ich bin auch ein Weltretter! Und meine Oma hilft mir dabei!«, ruft Michel voller Überzeugung.

Er erzählt Ida von seinen bisherigen Erfolgen und dem Traum, ein noch viel größerer Weltretter zu werden. Er berichtet vom Einkaufen mit Oma und, dass er gelernt hat, wie jeder Mensch bereits im Laden die Welt retten kann. Michel erwähnt auch Omas Koch- und Backkünste und wie sie dabei singt. Und natürlich Omas leckere Pups-Pasta! Die möchte Ida unbedingt einmal probieren.

Als Michel Ida von Helmut und seinen Hühnern erzählt, wird ihm plötzlich klar, dass es tatsächlich noch mehr Weltretter gibt. Und sie sind gar nicht so weit weg. Da draußen gibt es bestimmt noch ganz viele Menschen, die die Welt retten möchten – und von denen will er unbedingt noch mehr kennenlernen.

Vielleicht gehörst DU ja auch dazu? Eines jedenfalls weißt du jetzt schon mal: nämlich, dass Weltretten wirklich pupseinfach ist!

Oma erklärt …

Was bedeutet wiederkäuen?

Wiederkäuen ist sozusagen ein weiteres Mal essen. Wenn wir Menschen essen, kauen wir und schlucken das Essen dann herunter. Wiederkäuer würgen ihr Essen wieder hoch, nachdem sie es runtergeschluckt haben. Das klingt vielleicht eklig, ist für die Tiere aber sehr wichtig und völlig normal. Es gibt nur wenige Tiere, die das können. Dazu gehören Rinder, Ziegen, Schafe, Rehe, Hirsche und Steinböcke. Sie sind als einzige Tiere in der Lage, Futter mit wenig Nährstoffen wie beispielsweise Gras durch Wiederkäuen in gehaltvolle Milch für ihre Babys umzuwandeln.

Eine Kuh hat vier Mägen, die alle sehr wichtig für die Verdauung von Gras oder Heu sind. Wenn die Kuh das Gras schluckt, helfen ihr Bakterien, es zu zersetzen. Grobe Teile würgt sie wieder hoch, kaut sie erneut und schluckt sie wieder runter. Das Ganze dauert mehrere Stunden und ist anstrengend. Daher macht es sich die Kuh dabei gerne bequem und legt sich hin.

Rinder oder Schafe rülpsen und pupsen auch besonders viel, was leider extrem schlecht für unsere Erde ist. Dabei entsteht nämlich Methangas, das dann aus ihnen herauskommt und wesentlich schädlicher für das Klima ist als Kohlenstoffdioxid (CO_2). Deswegen sagt man auch, dass Butter, Rindfleisch, Käse und andere Milchprodukte die klimaschädlichsten Lebensmittel sind.

Für die Großen

Liebe Eltern, Großeltern, LehrerInnen, KindergärtnerInnen, BabysitterInnen, Tagesmütter und -väter und alle anderen LeserInnen!

Ich hoffe, meine Geschichte hat auch euch gefallen. Sie spiegelt einiges wider, was wir als Familie selbst erlebt haben oder kennenlernen durften.

Mit diesem Buch möchte ich allen Kindern auf sanfte Weise die Probleme unserer heutigen Zeit nahelegen. Unser übermäßiger Konsum ist maßgeblich für viele Umweltprobleme verantwortlich. Dieser Zusammenhang birgt aber auch die Chance, dass jede/r einzelne von uns etwas dagegen tun kann. Jede/r kann heute ein Weltretter sein – besonders du als großes Vorbild:

Du kannst jeden Tag draußen Müll aufheben und richtig entsorgen.
Du kannst vorwiegend pflanzlich kochen.
Du kannst regional und saisonal einkaufen.
Du kannst auf Bio- und Fairtrade-Siegel achten.
Du kannst unverpackt einkaufen (auf einem Markt oder Bauernhof, in einem Unverpacktladen, aber auch schon, indem du im Supermarkt einfach alle überflüssigen Tüten weglässt).
Du kannst Kleidung, Möbel, Elektrogeräte, etc. gebraucht kaufen.
Du kannst öfter zu Fuß gehen oder mit dem Fahrrad fahren.
Du kannst durch dein Weltretterdasein andere Menschen inspirieren, es dir nachzumachen und auch bewusster zu leben.
Es ist pupseinfach!

Tipp: Um herauszufinden, wie dein persönlicher ökologischer Fußabdruck auf der Erde aussieht, kannst du auf *footprintcalculator.org* Fragen zu deinem Lebensstil beantworten. Es geht dabei um deine Ernährung, deine Art zu wohnen, deinen Konsum und deine Mobilität.
Mit dem ökologischen Fußabdruck wird unter anderem bemessen, wie viel Fläche unser Lebensstil in Anspruch nimmt und wie weit unser Ressourcenverbrauch die Kapazitäten der Erde bereits übersteigt.
Probiere es gleich aus! Hättest du mit diesem Ergebnis gerechnet?

Sei ein Fuchs und mach dich schlau!

In Deutschland, Österreich, der Schweiz und vielen anderen Ländern gibt es jede Menge Lebens- und Gnadenhöfe mit den unterschiedlichsten Tieren. Sie alle sind auf unsere Hilfe angewiesen. Ob Futterspenden, Patenschaften, Geldspenden oder helfende Hände – alles ist willkommen. Hinter jedem Projekt stehen großartige Menschen, die vieles bewegen, um »ausgedienten« Mitlebewesen ein artgerechtes Zuhause zu schaffen.

Auch Momo, das Ferkel aus der Geschichte, wohnt auf einem echten Lebenshof. Dort ist es allerdings schon ausgewachsen. Du kannst Momo in der Schweiz besuchen, seine Geschichte aber auch bereits hier lesen: https://www.tiermensch.ch/lebenshof-tier/momo

Anstatt eines Zoobesuchs könnte der Besuch auf einem Lebenshof in vielerlei Hinsicht etwas bewirken. Die dort lebenden Tiere kennen wir alle. Nur stehen sie meistens auf dem Kassenbon oder der Speisekarte. Wir kennen sie auch aus Tierparks oder Zirkussen. Lebenshöfe jedoch geben uns die Möglichkeit, diese Individuen und ihre Geschichten mal aus einem anderen Blickwinkel zu erleben. So können wir lernen zu verstehen, was ihnen tatsächlich angetan wird, während wir diese Vorgänge durch manipulatives Marketing als harmlose und erforderliche Normalität ansehen.

Falls Du es bei Omas Erklärungen übersehen hast, möchte ich dir auch noch mal die Dokumentation *Planet Erde* ans Herz legen. Es ist eine elfteilige Serie, die dir unseren wunderschönen Planeten mit all seinen Bewohnern zeigt – so nah, als würdest du danebenstehen. Kein Zoobesuch kann Kindern diese spektakulären Bilder bieten. Es ist wirklich atemberaubend! Die Reportage zeigt beeindruckend, wie wertvoll die Natur und alle Tiere sind und wie wichtig es daher ist, beides zu schützen.

Keine Angst vor pflanzlichen Lebensmitteln

Obwohl sie täglich auf unserem Speiseplan stehen und das Angebot an pflanzlichen Lebensmitteln um ein Vielfaches größer ist als das an tierischen Lebensmitteln, erweckt das Wort »vegan« in vielen Menschen Angst oder Ablehnung.

Die Vorstellung, auf seit Jahrzehnten bekannte und beliebte »Lebensmittel« verzichten zu müssen, ist präsenter als die Neugierde auf die vielen neuen Lebensmittel, die den Speiseplan bereichern könnten.

Glücklicherweise gibt es unzählige Möglichkeiten, sich langsam heranzutasten und neue Gerichte zu testen.

Viele Burgerläden und Fastfoodketten bieten bereits vegane Alternativen an.

Auf Tierschutz-Festen, Lebenshof-Festen und veganen Stadt-Festen gibt es immer eine riesige Auswahl an großartigem Essen: vom Burger über Falafel, Wrap und Eintopf bis hin zu Softeis, Waffeln, Teigtaschen und Kuchen.

Messen eignen sich ebenso hervorragend, um die unglaubliche Vielfalt der tierleidfreien Küche kennenzulernen. Die wohl bekannteste Messe ist die *Veggieworld*, die das ganze Jahr über in verschiedenen Großstädten auf der ganzen Welt gastiert.

Rettet das Huhn e.V. – Vermittlung »ausgedienter« Legehennen

Die Hauptaufgabe des Vereins besteht darin, »ausgediente« Legehennen vor dem Schlachthof zu bewahren und in ein artgerechtes Zuhause zu vermitteln.

Mit nur 16 Monaten sind die Hühner für die Betreiber nicht mehr rentabel genug und werden durch neue Junghennen ersetzt. Die »alten« Hennen werden durch Dienstleistungsunternehmen zu Geflügelgroßschlachthöfen ins Ausland transportiert und im Akkord geschlachtet. Sie enden als fleischlicher Abfall, als Hundefutter oder manchmal als Suppenhuhn.

Da die Hühner auf Eierleistung gezüchtet wurden, setzen sie kein Fleisch an und sind nach einem Jahr nur noch Haut und Knochen. Der Schlachtpreis liegt bei wenigen Cent pro Huhn und »lohnt« sich nur für Großbetriebe, weil sonst noch nicht einmal der Transport zum Schlachthof gedeckt ist. Dementsprechend werden die Tiere auch behandelt.

Hühner sind jedoch überaus intelligent! Sie können bis fünf rechnen, haben ein ausgeprägtes Sozialverhalten, empfinden Empathie und Schmerz und haben sogar ein Ich-Bewusstsein. Hühner sind liebevoll, träumen im Schlaf und kommunizieren mit ihren Küken im Ei wie eine menschliche Mutter mit ihrem Baby im Bauch!

Du möchtest helfen, kannst jedoch keine Hühner bei dir aufnehmen? Vielleicht ist dann eine Patenschaft für dich interessant. Alle Infos findest du auf www.rettet-das-huhn.de.

Die Eierindustrie ist grausam und unnötig. Wie lecker ein Kuchen auch ohne Eier ist, zeige ich dir gerne im Weltretter-Apfelkuchen-Rezept!

Rezepte

Weltretter-Apfelkuchen

Zutaten:

- 4-5 Äpfel (je nach Größe, saure Äpfel eignen sich gut)
- ½ Bio-Zitrone
- 300 g Dinkelmehl Typ 630
- 1 Päckchen Reinweinstein-Backpulver (18 g)
- 100 g Rohrohrzucker
- 1 Tütchen Bourbon-Vanillezucker (8 g)
- 1 TL Zimt (2 g)
- ½ TL Salz (4 g)
- 150 ml Haferdrink
- 90 g Margarine
- 100 ml Mineralwasser mit viel Kohlensäure

Du benötigst:

- 26er Springform (ausgefettet und bemehlt)
- Küchenwaage
- Rührschüssel (trockene Zutaten)
- zweite Schüssel oder einen Messbecher (feuchte Zutaten)
- weitere Schüssel oder einen tiefen Teller (Äpfel)
- Schneebesen
- kleines Messer
- Silikon-Schaber oder Esslöffel

1) Die gewaschenen Äpfel viertelst und entkernst du. Die Seite mit der Schale ritzt du nun mehrmals längs nebeneinander einige mm tief ein, sodass optische Streifen entstehen.

2) Presse die halbe Zitrone aus und wälze die Äpfel im Saft.

3) Stelle den Backofen auf 180 Grad Ober-/Unterhitze.

4) Für die trockenen Zutaten benötigst du nun die große Rührschüssel. Vermische Mehl, Backpulver, Zucker, Vanillezucker, Zimt und Salz vorsichtig mit dem Schneebesen.

5) Lasse nun die Margarine langsam schmelzen und auf Zimmertemperatur abkühlen. Vermenge sie mit dem Haferdrink und gib beides ins Mehlgemisch. Rühre zunächst alles mit dem Schneebesen durch. Füge dann erst das Mineralwasser hinzu. Rühre nur so lange wie nötig, damit sich die Zutaten verbinden. Wenn du zu lange rührst, geht der Teig später nicht gut auf.

6) Zuletzt gießt du den restlichen Zitronensaft, in dem die Äpfel liegen, auf den Teig und rührst ihn vorsichtig unter. Sollte der Teig nun kleine Bläschen schlagen, wird er sicher wunderbar fluffig werden. Wenn du magst, kannst du auch etwas Zitronenschalenabrieb dazu geben. Die Teigmasse gießt du nun in die vorbereitete Springform.

7) Verteile die Äpfel beliebig auf dem Teig und backe den Kuchen ca. 50 Minuten auf mittlerer Schiene. Teste dann mit einem Stäbchen den Teig. Wenn du damit hineinpiekst und noch etwas Teig daran haften bleibt, gib dem Kuchen noch ein wenig mehr Zeit.

8) Lasse den Kuchen am besten 10 Minuten auf einem Gitter abkühlen, bevor du ihn aus der Form löst.

Tipps und Austauschmöglichkeiten

Zutaten:

- Statt der Margarine kannst du auch 100 ml neutrales Speiseöl (beispielsweise Rapsöl) verwenden.
- Statt des Haferdrinks eignet sich ebenso Reisdrink, Mandeldrink, Sojadrink, Lupinendrink, Apfelsaft, etc.

Im Teig:

- Hier kannst du noch gemahlene oder gehackte Nüsse oder Mandeln sowie Rosinen oder Cranberrys unterrühren.

Als Topping:

- Gehobelte Mandeln vor dem Backen auf den Kuchen geben.
- Nach dem Backen mit Puderzucker, Kakao oder Zimt bestäuben.

Pups-Pasta

Zutaten
(ergibt ca. 1 l fertige Pasta-Soße):

- hochwertiges natives Olivenöl
- 1 rote Zwiebel
- 1 Knoblauchzehe
- 150 g Tomatenmark 2-fach konzentriert
- 1 mittelgroße Möhre (ca. 60 g)
- 5 mittelgroße, reife Tomaten (ca. 500 g)
- 100 g rote Linsen
- 600 ml Gemüsebrühe
- 1 TL Paprikapulver edelsüß
- 1 TL Zitronensaft
- 1 TL Salz
- ½ TL Pfeffer
- n. B. italienische Kräuter (Basilikum, Rosmarin, Oregano, Thymian)

Du benötigst:

- Küchenwaage
- Schneidebrett
- scharfes Messer, evtl. Sparschäler
- großen Kochtopf mit Deckel
- noch einen Kochtopf für die Nudeln
- Nudelsieb
- Messbecher
- feines Sieb
- Pürierstab

1) Als erstes brause die Linsen in dem feinen Sieb kalt ab. Danach schälst du die Zwiebel und den Knoblauch, hackst beides sehr fein und gibst es gemeinsam mit zwei Esslöffeln Olivenöl und dem Tomatenmark in den kalten Kochtopf.

2) Anschließend wäschst du Möhre und Tomaten und schneidest sie in kleine Stücke.

3) Nun stelle den Herd auf die höchste Stufe. Rühre Zwiebel und Knoblauch mehrmals um und gib Möhren und Tomaten hinzu, sobald die Zwiebel glasig gedünstet und das Tomatenmark leicht angebraten ist.

4) Zuletzt gibst du Gemüsebrühe und Linsen hinzu, rührst alles kräftig durch und lässt es einmal aufkochen.

5) Dann stellst du den Herd auf die mittlere Stufe, gibst den Deckel auf den Topf und lässt die Soße zunächst 30 Minuten langsam vor sich hin blubbern. Rühre sie gelegentlich um, damit sich die Linsen nicht am Boden festsetzen.

6) Wenn die Linsen gar sind, nimmst du den Deckel ab und rührst Paprikapulver, Zitronensaft, Salz und Pfeffer hinzu und lässt die Soße nun bei geöffnetem Topf auf kleinster Stufe etwa 15 Minuten eindicken.

7) Währenddessen kochst du deine Lieblingspasta, am besten in Form von Vollkornnudeln ohne Ei aus Hartweizengries.

8) Püriere zuletzt die leckere Pups-Pasta-Soße und gib, wenn du magst, frische oder getrocknete Kräuter hinzu.

Tipps und Austauschmöglichkeiten

Zutaten:

- Wenn du Bio-Möhren verwendest, brauchst du sie nicht zu schälen, sondern nur zu putzen – so bleiben mehr Vitamine erhalten.
- Wenn du mal weniger Zeit hast, kannst du auch Bio-Tomaten aus der Dose nehmen.
- Reste? Macht nix: Die Soße lässt sich prima einfrieren!

Als Topping:

- Statt in der Soße machen sich frische Kräuter als Topping ganz hervorragend (auch Petersilie oder Schnittlauch).
- Besonders gut schmeckt dazu ein Topping, welches an Parmesan erinnert:
  Gib dazu 150 g Cashewkerne und 4 gehäufte Esslöffel Hefeflocken (Nährhefe) sowie einen Teelöffel Salz in die Küchenmaschine oder Mühle und zerhäcksle alles, bis es sehr fein ist – fertig ist dein selbstgemachter »veganer Parmesan«. Wenn du magst, gib noch ein wenig Knoblauch-Granulat und einen Spritzer Zitronensaft mit hinein, dann wird der Geschmack noch intensiver.

Superkräfte-Hummus

Zutaten :

- 250 g Kichererbsen (Abtropfgewicht)
- 100 g Tahini (Sesammus)
- ½ TL Kreuzkümmel (Kumin)
- ½ TL Salz
- Saft ½ Zitrone
- ca. 70 g eiskaltes Leitungswasser

Du benötigst:

- Küchenwaage
- Esslöffel
- Schüssel
- Pürierstab oder Zerkleinerer

1) Wenn du einen Zerkleinerer hast, fülle alle Zutaten hinein und lasse die Messer so lange drehen, bis ein Püree entsteht, welches an Kartoffelbrei erinnert. Andernfalls gib alle Zutaten in eine Schüssel und püriere sie zu Mus.

2) Jetzt noch hübsch anrichten und auf Brot oder als Dip für Gemüse, Fladenbrot oder Cracker genießen.

Tipps und Austauschmöglichkeiten

Zutaten:

- Nimm am besten selbst gekochte Kichererbsen. Die schmecken nicht nur viel besser als die aus dem Glas oder der Dose, sondern sind auch preiswerter und verursachen weniger Verpackungsmüll. Koche ruhig eine große Menge, denn gekochte Kichererbsen lassen sich hervorragend einfrieren und später für frischen Hummus oder Eintöpfe verwenden.
- Die Qualität des Tahini (Sesammus, auch Tahina oder Tahin genannt) ist sehr entscheidend für den Geschmack. Die günstigen Varianten, die es auch im Drogeriemarkt gibt, schmecken oft bitter. Ich empfehle, das Sesammus in einer Großpackung in einem türkischen oder arabischen Supermarkt zu kaufen.

Als Topping:

- Nachdem du das Mus in eine Schale gefüllt hast, dekoriere es gerne mit einem guten Schuss hochwertigem Olivenöl und etwas Paprikapulver edelsüß. Auch ein paar Kichererbsen und Sesamkörner (schwarz oder weiß) machen sich perfekt auf dem Hummus.

Danksagung

Der größte Dank gilt meinem Mann, der mir immer den Rücken freihält und hinter mir steht, um mich und meine ständig neuen Ideen zu unterstützen. Ohne dich wäre ich nicht da, wo ich heute stehe, Hase. Ich liebe dich!

Danke an meine quirligen, witzigen und liebevollen Kinder. Ihr gebt mir den Antrieb, jeden Tag ein weiteres Stückchen Welt zu retten. Es macht mich übrigens sehr glücklich, dass ihr so oft mein Essen lobt. Für euch probiere ich gerne noch viel mehr aus. Ich liebe euch!

Danke an Karo vom GrünerSinn-Verlag, dass du an mich geglaubt hast und mir die Chance gibst, meine Geschichte in die Welt zu tragen.

Danke an Katharina. Du hast das Buch zum Leben erweckt und die Geschichten greifbar gemacht. Du hast allen Charakteren ein Gesicht gegeben und dieses Buch mit deiner Kreativität zu etwas Einzigartigem gemacht. Bilder sagen eben manchmal mehr als tausend Worte.

Danke an alle Menschen, die bei unserem Crowdfunding Geld gespendet oder dieses Buch vorbestellt haben, ohne genau zu wissen, was sie erwartet. Ihr habt uns euer Vertrauen geschenkt. Vielen Dank!

Danke an unsere Taufpaten Brunhilde aus Deutschland und Michel aus der Schweiz, die eine größere Summe gespendet haben, und zum Dank dafür den beiden Ferkeln aus dem Buch die Namen geben durften.

Danke an Florian aus Österreich für deinen unermüdlichen Einsatz, unser Projekt überall bekannt zu machen. Außerdem danke ich dir dafür, dass du so unglaublich viele Kinder mit Dutzenden von vorbestellten Büchern glücklich machst.

Danke an alle Freunde, Nachbarn und natürlich sowohl an Katharinas als auch an meine Familie – ihr habt ebenfalls großartige Unterstützung geleistet! Ihr habt fleißig gekocht und gebacken, um die Rezepte zu testen. Ihr habt mit euren Kindern die Geschichten gelesen und uns wertvolles Feedback gegeben. Darüber hinaus habt ihr mit kleinen und großen finanziellen Hilfen unser Crowdfunding ein dickes Stück vorangebracht.

Danke an Christina für das Layout und mAKEM für das Lektorat – ihr habt diesem wundervollen Buch den Feinschliff verpasst und ihm die rote Schleife umgebunden.

Danke an alle, die jetzt nicht persönlich erwähnt wurden. Es haben so viele Menschen an diesem Buch mitgewirkt und auf verschiedenste Weise unterstützt. Ihr seid großartig, ihr Weltretter!

Einen Teil der Einnahmen dieser Auflage spenden wir an One Earth – One Ocean für saubere Meere und an Wohllebens Waldakademie für den Erhalt Deutscher Urwälder.

Mehr Infos findet ihr hier: www.wohllebens-waldakademie.de und www.oneearth-oneocean.com

Autorin: Jana Hilger

Jana Hilger wurde 1983 in Niedersachsen geboren. Aufgewachsen im elterlichen Milchviehbetrieb, half sie ab einem Alter von acht Jahren täglich bei der Stallarbeit und dem Kühemelken. Mit achtzehn floh sie aus ihrem kleinen Heimatdorf für dreizehn Monate nach Amerika, um sich weiterzuentwickeln und Erfahrungen zu sammeln. Nach der Ausbildung zur Reiseverkehrskauffrau schnupperte sie in unterschiedliche Betriebe hinein und arbeitete auch auf einem Kreuzfahrtschiff.

Mit der Geburt ihres zweiten Kindes begann für Jana Hilger jedoch ein Prozess des Umdenkens. Sie hinterfragte alte Gewohnheiten und beigebrachte Konventionen. Hätten ihre Kinder eine lohnenswerte Zukunft auf diesem Planeten, wenn alles so weitergehen würde wie bisher? Nach ausgiebiger Selbstreflexion kombiniert mit umfangreicher Recherche drehten sich ihre Ansichten um 180 Grad.

Heute lebt sie mit ihrem Mann und ihren beiden Kindern bewusster. Tierische Produkte werden gemieden, der allgemeine Konsum ist verringert, Reisen sind auf ein Minimum reduziert. Das Elternpaar gründete gemeinsam die »Vertrauensfabrik« und Jana Hilger schrieb das Kinderbuch »Wie Michel zum Weltretter wird«. Mit dieser Geschichte möchte sie auch anderen Familien zeigen, wie pupseinfach es sein kann, sowohl für die eigenen Kinder als auch für sich selbst die Welt jeden Tag ein bisschen lebenswerter zu machen.

Weitere Infos unter www.vertrauensfabrik.de

Illustratorin: Katharina Kiehntopf

Katharina Kiehntopf ist 1977 in Berlin geboren.

Kreativität und persönlicher Ausdruck sind schon lange Teil ihres Lebens. Die Begeisterung fürs Malen und Zeichnen entdeckte die Apothekerin 2018 und kann sich seitdem ein Leben ohne Pinsel und bunte Farben gar nicht mehr vorstellen. Neben der Gestaltung von Postkarten und Kalendern probiert sie leidenschaftlich gerne neue Techniken aus.

Sie musste nicht lange überlegen, als Jana sie fragte, ob sie sich vorstellen kann, ein Buch zu illustrieren. Nachhaltigkeit und ein bewusster Umgang mit unserer Umwelt liegen ihr sehr am Herzen. Die Geschichte um Michel hat sie sofort überzeugt und es dauerte nicht lange, bis der kleine Junge aufs Papier hüpfte. »Wie Michel zum Weltretter wird« ist das erste Buch, das sie illustriert.

Inspiration für ihre Bilder findet sie im Familienalltag und in der Natur. Mit ihrem Mann, ihren beiden Söhnen und einer Katze lebt sie im Bremer Umland.

Weitere Infos unter www.katharina-kiehntopf.de

Impressum

Für uns, den GrünerSinn-Verlag, ist nachhaltiges Handeln wegweisend.
Deshalb achten wir bei der Herstellung ganz besonders auf umweltfreundliche, ressourcenschonende und schadstoffarme Produktionsweisen und Materialien.
So kommen Papiere aus nachhaltiger Forstwirtschaft zum Einsatz und für die Druckproduktion werden nur erneuerbare Energien und reine Pflanzenölfarben verwendet.
Dieses Buch wurde in Österreich gedruckt und gebunden.

Konzept: Jana Hilger
Illustrationen: Katharina Kiehntopf
Satz & Layout: Christina Brause
Lektorat: mAKEM
Fotocredits: S.6: Lars Henning Schröder, S.102: www.birgitmuellerfotografie.de, S.103: Andreas Kiehntopf
Herstellung: Christian Dolezal, Print Alliance HAV Produktions GmbH, Bad Vöslau

ISBN: 978-3-946625-21-6
1. Auflage 2021, GrünerSinn-Verlag
www.veganverlag.de

Gedruckt nach der Richtlinie „Druckerzeugnisse"
des Österreichischen Umweltzeichens,
Print Alliance HAV Produktions GmbH, UW-Nr. 715